玛思威系列丛书

朱俐安◎著

第2版

金牌美容顾问销售实战教程

Top Practical Instruction For Beauty & Cosmetic Sales

经济管理出版社
ECONOMY & MANAGEMENT PUBLISHING HOUSE

图书在版编目（CIP）数据

金牌美容顾问销售实战教程/朱俐安著. —2 版. —北京：经济管理出版社，2011.2（2022.7重印）

ISBN 978-7-5096-1278-1

Ⅰ. ①金…　Ⅱ. ①朱…　Ⅲ. ①美容—服务业—市场营销学—教材　Ⅳ. ①F719.9

中国版本图书馆 CIP 数据核字（2011）第 014353 号

出版发行：**经济管理出版社**

北京市海淀区北蜂窝 8 号中雅大厦 11 层

电话:(010)51915602　　　　邮编:100038

印刷：唐山昊达印刷有限公司　　　　经销：新华书店

组稿编辑：勇　生　　　　　　　　责任编辑：邱永辉
技术编辑：杨国强　　　　　　　　责任校对：蒋　方

720mm×1000mm/16　　　　13.5 印张　　　167 千字
2011 年 5 月第 2 版　　　　2022 年 7 月第 14 次印刷

定价：38.00 元

书号：ISBN 978-7-5096-1278-1

序　言

会心的微笑

在这本教材中我体会最深的是作者的用心，强烈感受到了积累的力量以及静下心来认真做一件有意义的事情的执著。

美容行业发展到今天，经历了一个由无序走向有序、由生涩走向成熟的过程。

美容院内各职业分工的细化成为必然，美容顾问作为向顾客推荐美容项目和美容产品的专家，与医生开药方有异曲同工之处。她们开出来的"药方"必须真正解决顾客的实际问题，做到规范、专业、到位，才能赢得顾客的信赖和支持。

一本好书可以影响一个人的一生，一本好教材可以为人们的职业生涯打下良好的基础。对于美容顾问来说，相信这本教材可以使她们观念上有所改变、思想上有所提升，从而对提高她们的专业素质和行为方式也会有所帮助。

令我欣喜的是，本教材对于细节的关注和把握，针对不同的情形、不同的场合和不同的顾客采用不同的对策和方式来解决问题。各种生动的案例描绘，让人有身临其境之感，仿佛来到了美容院，投入到实际的销售中。

细细读下去，有种娓娓道来的轻松和豁然开朗的体悟。看过之后立刻可以用于实践，在实践中检验效果，这种实用性是非常难能可贵的。我想这就是这本教材的魅力所在吧！

在朱俐安教授的《金牌美容顾问销售实战教程》出版之际，我谨以此序，表达对她的敬意和赞赏，希望你也和我一样，看过此书以后会露出会心的微笑！

广州市艾丽素美容品实业发展有限公司总经理

全国工商联美容化妆品商会副会长

广东省美容化妆品业协会副会长

2006 年 3 月 3 日于广州

前　言

　　我几年前出版的《金牌美容顾问销售实战教程》不能满足顾客的需求，这使我开始考虑修订、再版这部关于美容院经营管理的书籍。希望从管理决策到销售环节能够为急需指导的美容院院长及从业人员提供一条合适的途径。十年行业研究的心得都汇集在这部再版的书中。

　　作为一个实效营销的研究者，感谢十年来各行各业的学员们，他们的经验和与他们的互动使我找到了一个观察人性模式在有目的交流中呈现的多种角度；使我们可以利用学习能力掌握某种行之有效的规律。但是如果缺乏对自我的清醒认识和对对象足够的观察，则在交流中可能产生无效的对牛弹琴或生硬的僵化之感。作为一个致力于领导力训练的教练，我在每一次互动训练中，正是通过对人性观察的检验和自我评估，和我的学员共同成长。

　　基于交流基础上的销售研究，不仅是了解产品和效果那样简单，更是对人的道德高度、自我认知的考验，及对他人完全的接纳与尊重，还有在此基础上的倾听能力，否则，缺乏心灵交汇的任何互动都会成为一方实现其强烈欲望及征服另一方的努力，这样离对象的认同会越来越远。

　　本书的选材专注于美容院。因为，任何脱离具体行业和岗位的理论阐述都不是本书的目的。我希望理论能够应用于实践，指导人的具体行为，并使人获益。这也是本书中除了行业管理的理论探讨外，还提供了大量实战型的口语、对话分析的原因。

假如人生存在的价值是被他人需要，但愿我们每一个人都在美的服务中付出爱，令销售从自我营销开始成长为美好的人生经验。

如果读者愿意将销售中的感受与我分享，请登录我的个人博客：朱俐安的驿站，或发送邮件到：lian15@263.net。

2011 年 1 月 18 日

目　录

第一单元　美容顾问的职业定位

第二单元　把握人性　创造奇迹

第三单元　美容顾问销售话术集锦

第一单元　美容顾问的职业定位

一名优秀的美容顾问，必定是精通客户心理的专家；同时，也是精通产品疗效和美容仪器功效的顶级高手；更应该是客户细分及管理的行家里手；最后，应该是拥有成功的销售业绩与持续增长的客户量的专业美容顾问。

导言　市场呼唤专业的美容顾问

形式上是你死我活的价格战，

实质上是什么？

是我们的经营能力能否让我们在价格战中

建立真正的品牌信仰，

使我们超越竞争对手取胜并赢得生存机会。

随着美容行业的蓬勃发展，美容师、美容顾问将成为一个令人羡慕的职业。没有风吹雨淋，不需要走东走西，伴随轻柔的音乐，在四季适宜的温度下，与我们的客户共同为美丽而享受一段舒缓的放松。这种美的环境呼唤着美的使者。

> 为明天做准备的最好方法就是集中你所有智慧，所有的热忱，把今天的工作做得尽善尽美，这就是你能应付未来的唯一方法。
>
> ——销售格言

这就要求美容院从整体经营到细节服务精益求精，只有这样才能通过专业的美容服务赢得客户。在已经进入"她"世纪的今天，女性已经成为消费的主力军。同时，女性也用自己的独特感悟，通过向特定的美容、美体客户提供卓越的服务而走向成功。随着我们的客户要求越来越高，美容院的从业人员的素质也受到严峻挑战，整体服务水平参差不齐，使许多客户望而却步。

在美容院，除了老板和店长外，重要的岗位还有美容顾问、美容师、配料员。有些小店，没有美容顾问，由店老板充当美容顾问的角色。如果说美容师负责美容、美体的项目操作，美容顾问就是负责向客户推荐美容项目和美容产品的专家。这两种岗位分工有所侧重。

了解了美容院的岗位构成，那如何提高美容院的服务水平呢？首先，要能够在合理的组织架构下使各个岗位各司其职；其次，在此基础上，建立精细和严谨的流程和标准。各岗位员工要具备专业的服务素质和服务技能。但在大部分美容院，美容师除了操作还要销售。这往往引起顾客的反感，顾客在这里做美容要背负购买的压力，特别是顾客与美容师逐渐熟悉之后，更不忍拒绝美容师的销售，于是，只好选择离开。这样的服务现实，是由于整个行业缺乏规范。随着美容业的蓬勃发展，美容院也进入了大浪淘沙的专业化发展快车道。只有在岗位设置规范后，才能够把服务水平提高到专业的水平。

一家美容院能否让进门的客户信任并买单，最先取决于美容顾问的专业水平和亲和力。她是否具备说服自己客户的较强的专业技能和综合素养？依目前美容业的从业者的普遍素质来看是远远达不到的。这也是许多女性从不进美容院的原因之一。"美容院人员素质不行"成为一些客户的共识。乐观一点说，这告诉我们，市场的空间还很大，假如我们的服务水平有所提高的话。可是，在一个普遍缺乏系统教育和专业培训的行业，要成为一个专业的美容顾问确实不是一件容易的事情。在美国做一个专业的美容顾问需要具备一些条件：一要有高等教育的学历；二要获得心理学学位；三要有美容化妆品专业的知识。美国的每一个美容新产品进入市场前，都要通过专业检验局的验定。当你要做美容师，要通过专门的考试。只是做一个美甲师，就要考七个课程，对美容师的要求则更高。美容师要保证有相当的医学知识。

那么在中国呢？美容行业则没有这么多的条件限制。我们的美容行业从无到有，从小到大。前些年不管学历与水平，只要抓住机会的都纷纷"上阵",从业人员的要求也比较简单,一要漂亮,二要会说话,或者二者居其一就可以了。现在,美容行业的要求提高了,招员工难,招到高素质的员工更难。一个美容师或美容顾问的基本素质要求是什么?是否合适?我们缺乏统一的标准考试。

笔者在培训现场

现在,美容业已经发展为上千亿元产值的行业,我们却发现赚钱越来越难,单项服务价格越来越低。是不是有钱人少了,爱美的人少了?事实上有钱的人越来越多,爱美的人也越来越多,但是,爱美的人选择机会也越来越多。竞争对手多了,我们的生意越来越不好做。为什么不好做了呢?一是竞争激烈,街上的美容院一家挨着一家,争相打价格战;二是客户越来越挑剔,对美容业的整体素质提出了高要求。你不好,她就可以不去,你就只有关门。那竞争带来的结果是什么呢?

形式上是你死我活的价格战,实质上是什么?是我们的经营能力能否让我们在价格战中建立真正的品牌信仰，使我们超越竞争对手取胜并赢得生存机会。

以前，顾客一进来还没等你说话就买单了，你让她交多少钱她就交多少钱，现在她比你还专业了，对吧？她问你："这是什么产品？""进口的？""有进口许可证吗？"你说是国产的，她说国产的质量一般，不好。你要跟她证明好或者不好要半小时，然后把产品拿来，客户还要仔细看看，挑一些毛病。以前有人这样说吗？以前的顾客不知道这么多的常识，你用什么产品抹在她的脸上也没有什么大问题。现在你用什么产品客户都得看一看，然后说，包装不太好看，接着包装过关了，往脸上一抹，她就说有味道，这个味道很让她受不了，对吗？

这时，客人的意见几乎完全是正确的，虽然事实上客户未必是正确的，但是钱在她手里，她的看法就有了深厚的经济基础，其正确性好像就有了金子一样的分量。既然客户要求越来越高，我们美容行业面临的挑战也越来越严峻，其他行业也一样。于是大家都想通过学习来迎接挑战，有的人还没来得及有学习意识呢，那边后来者已经居上，这边的市场已经招架不住了。所以，认真准备进入专业化的管理与经营一直是这个行业不可避免的发展之路。在这本美容化妆品行业顾问销售的专业指导书籍中，我们要先从美容顾问入手，来解决美容院的前期销售问题。因为，没有专业的美容顾问销售，再好的美容师服务也无从谈起。

但在销售的过程中，表现的是美容院经营者选择产品的能力，决定选择产品的根本应该是建立在对自己客户的正确分析上，而不是凭借价格或包装或个人爱好来进货；进了货，还要看客户类别及其购买能力，才能正确设计出合适的产品结构；在产品结构清晰的基础上，才可以进行专业的顾问式销售。这也是"功夫在诗外"的体现。很多美容院，就是因为在产品结构和客户分类上"一窝蜂"，所以，在员工管理和培训上无论怎样投入，都收效甚微。不得不引起注意啊。

第一章　美容顾问是做什么的

美容顾问是：

通过向客户提供专业美容咨询

进行产品和服务销售的

专业人士。

　　美容顾问的工作，最重要的是接受咨询，而咨询的目的是销售。所以美容顾问的主要工作就是向客户销售。这包括用专业销售产品；用心销售技术和服务。美容

> 你定下什么样的目标，你就会有什么样的人生。
> ——励志格言

顾问销售的是产品和服务，掌握了这一点，我们就知道美容顾问不仅是让客户买单，她的形象和作用还在于向客户证明我们美容院的专业程度。

　　美容院销售的产品有两种。

　　一种是卡类产品，如会员卡、疗程卡、体验卡。这些卡类产品通过预收客户的现金从而实现留客和提高销售现金流的目的。问题是预收现金后能否通过正常消耗减少负债的压力？销售与消耗体现在其中，这就对美容院的经营水平提出了考验。

　　另一种就是具体的美容产品。为什么要跟大家强调美容院销售的产品是两大类呢？因为它体现了销售当中服务表现的差异性。美容院美容顾问在销售的时候，要关注两点：一是销售额；二是消耗额。要学会关心这两个"额"，为什么呢？有些时候，当销售额产生的时候，利润实

际上并没有那么多。明白吗？当美容院在售卡时，我们只是提前预收了客户的费用。但是，她在多长时间内花完，才决定我们的利润能达到多少。所以，美容顾问要关注什么呢？要关注客户开卡以后的消耗额度是否跟她的续卡额相匹配。例如，一个客户交了 5000 元给我们，那她是一年内花完这 5000 元，三个月内花完这 5000 元，还是六个月花完这 5000 元？结果一样吗？不一样！比如，这个付了 5000 元钱的客户，可能本来想得挺好：我准备一年的护理，就花 5000 元钱。但是她买了这卡之后，我们的三个顾问轮流围攻，今天推销这个产品，明天推那个项目，她又不好拒绝，六个月她就把 5000 元花完了。然后她就不见了，为什么？因为她觉得顾问唯一的目的，就是让她把钱花光，而不是为了她在每一个阶段都得到最好的护理。所以，她选择离开！

笔者在招商会现场

做顾问不但要明白自己销售的产品，还要明白客户的心理，才能为客户提供最好的服务。

第二章 美容顾问的关注重点

效能持久，带来的利润才是长久稳定的。

我们的优势在哪里？

我们哪一点比竞争对手强？

我们的产品和服务能解决顾客的哪些问题？

当美容顾问走上场，跟顾客卖东西的时候，还要解决这个问题——要效率还是效能？效率是单位时间内最高的业务额，效能是单位时间内的客户贡献。如果想在

> 让你的目标大于你的才能吧！那么，你今天的作为将胜过昨天。
>
> ——阿明·雷哈尼

单个客户身上一次性开发，就必得以现金收入最大化为目的。然后，不停地促销以吸引新的客源。就像放羊，羊吃完了这片草地就去另一片草地；而客户贡献的效能，则更多关注留客的持久性。这样，带来的利润也是长久稳定的。

美容院要什么？美容院的促销要的是什么？客户！而实际上大部分的美容院都在这犯错误。它们用打折或抽奖活动告诉客户：我要现金！想想，如果我们要的只是一次性的业务，那我们的促销就以现金最大化为目的。美容院大部分都是采取就近消费原则或闹市集中原则。如果你是在闹市开美容院，你就可以强调效率。但是，它依然不能做出品牌。为什么呢？因为如果所有促销都是急功近利的话，就会用价格吸引客户成交。虽然说大浪淘沙，你也能勉强维持，但低价带来的人流会增加服务成本，床位不够又会引发客户对服务的投诉，业务量大，美容人员很

疲劳。这时如果美容人员提成不变，成本则增加；如果美容人员提成降低，则"劳民伤财"。最后，品牌会随着被抛弃的客户的口传而变得越来越坏，结果只能关门。非闹市区的美容院如果一味打价格战，只能让客户的怀疑越来越大，结果更糟。

所以，无论是美容院经营者还是美容顾问，都一定要想到，美容行业是长久性的生意，要让营销和促销的服务效能最大化。所以，不仅要看重一次赚这个客户多少现金，更要看重她是否能喜欢我一生。例如，一个客户一次性给你 6000 元，花完后她再也不来了；但是如果她一直都在你这里美容，她一次给你 3000 元，10 次就是 3 万元。一个人一次性的 6000 元和一个人长久的 3 万元，哪个更好？如果那个一次性的客户走了，你是不是还要花平均 500 元以上的广告费用等吸引新的客户来消费呢？而长久的效能型的客户就不用，反而她会将她的朋友带过来，哪个更有价值？

如果每家美容院的员工都明白这个道理，就会减少很多急功近利带来的焦灼，就会为客户提供长久的科学的服务，从而为我们带来安全的发展。

因此，不要祈求天上会给你新掉下 100 个客户，你手里这 500 个跑没跑，你要问自己。如果她们都跑了，你还折腾什么？这 500 个都是离你美容院 2 里地远的客户，要是她们离开了，离你 20 里地的客户，你拉得来吗？拉来一次又能长久吗？如果她在你美容院消费的同时也光顾其他就近的美容院，而那家美容院令她满意，她就有可能抛弃你。尽管你说我这里比那里好，但是能留住客户吗？不能！我们的自我认知不等于客户的认同。要让客户认同就要加大广告投入以吸引人进店，那样成本会更大。从这个意义上说，我们对待客户要稳扎稳打，用人性化的专

学员在笔者的课堂上聚精会神地听讲

业服务留人。只有这样，留住客户的可能性才大。千万别做投机性的只认现金客户不认老客户的生意。

现在我们来看看我们自己美容院周边的竞争对手，做一个练习：

我们的优势在哪里？是拥有手艺最好的技师？还是拥有最好的仪器？

我们哪一点比竞争对手强？是开业时间20年？还是在当地的高端客户群拥有影响力？

我们的产品和服务能解决顾客的哪些问题？是美白还是减压？是瘦身还是祛痘？

首先，列出我们自己美容院的长处。请读者就这些问题做一下思考，最好写下来。这些决定你对客户如何介绍你的美容院，你自己都不清楚自己的长处，别人是不会选择你的。所有美容院都要就此做出详细的介绍说明，使自己的员工能够很快掌握要领。

下面我们再看一下，一般的美容顾问关注什么。她们关心的是现金、销售额，销售越多，提成越高就越好，很少关心客户一年来几次，是不是来 10 年。而专业的美容顾问考虑的是长期的经营，是否拥有长期的追随者。

第三章　美容顾问的销售重点

美容顾问的销售包括两部分：

销售额和消耗额。

销售额决定你的职业水平，

消耗额决定你对客户服务的跟进水平。

美容顾问的销售包括两部分：销售额和消耗额。销售额决定你的职业水平，消耗额决定你对客户服务的跟进水平（当然，这主要取决于老板的经营管理重点。如果只追求现金，就会忽略老客户的消耗）。

> 最有效的资本是我们的信誉，它 24 小时不停地为我们工作。
> ——格言

除去公司决策的因素，在销售额和消耗额之间，一个美容顾问要有平衡二者的思路和技巧，要考虑到服务的长远性，即我是否能拥有这个客人的一生，我如何能让她一生都跟随着我，让我帮她花钱，出主意，而不是为了能拿到她这次或这个月的钱，这才是核心。

美容顾问的专业形象体现职业威信。要做到面貌亲切，妆容精致，言谈得体。

美容顾问既要敬业又要专业。敬业，是指你的外表和态度首先要征服客户，能够让客户感到如沐春风般的平等，这种态度建立在自信的基础上。它不是不知有人的自大，也不是不知有己的自卑，更不是盲目浅薄的自负。这表现在外形上，就是要衣着得体。服装是一种无声的语言，是人体形态的外延及内涵的表露，它显示着一个人的个性、身份、素养、心理状态等多种信息。在服务中，得体的着装会给顾客留下非常深刻的印象，从而提升顾客对美容顾问形象的认知度。

第四章　美容顾问的服务要领

亲切的微笑，

真诚的服务，

专业的形象及精深的业务知识，

是你工作的"百宝箱"。

美容顾问的着装要领：

◆ 着美容院统一制服，头发要盘起，发式不奇异。

> 己所不欲，勿施于人。
>
> ——励志格言

◆ 工作牌应戴在左胸前，不得用外衣遮盖。不得佩戴装饰性很强的装饰物、标记和吉祥物。

◆ 项链应放在制服内，不可外露。

◆ 手腕部不得佩戴手镯、手链、手表；手指不能佩戴戒指；佩戴耳钉数量不得超过一对，式样以素色耳针为宜。

◆ 着装要熨烫整齐，不得有污损。

◆ 衬衫袖口须扣上，衬衫下摆须束在裙内或裤内。

◆ 不得穿挑丝、有洞或补过的袜子，颜色以肉色为宜，忌光脚穿鞋。

◆ 着中跟鞋。不得穿露趾鞋或休闲鞋，保持鞋面清洁。

除了服装的要求，美容顾问还要在语言和行为等多方面表现出专业形象。

打电话是美容顾问做的最重要的工作。无论是接待新客户还是回访老客户，都要用电话沟通。怎样在这方面给客户以信任的感觉呢？

一、充分准备

我们要求在电话机旁边必备一支可用的笔和电话记录本，无论是打出电话还是接听电话均要详细记录。并且在每一次通电话前，要调整坐姿，准备好通话提纲，保持愉快的心情和灿烂的笑容。在打任何关于促销和宣传产品的通知电话时，最好做出话术，避免临时发挥和引起歧义。

二、重要的第一声

当我们打电话给顾客时，必须保持亲切、优美的声音，给顾客带来愉快的心情，使双方的对话能顺利展开。同样说"您好，××美容会所"，如果声音清晰、悦耳、吐字清脆，就会给顾客留下很好的印象，顾客对我们的美容院也会有好印象。因此要记住，接电话时，应有"我代表的是我们会所的形象"的意识。

三、要有喜悦的心情

打电话时我们要保持良好的心情。这样，即使对方看不见你，也会被你欢快的语调所感染，从而给对方留下极佳的印象。由于面部表情会影响声音的变化，所以，即使在通电话的过程中，也要抱着"顾客看着我"的心态去面对。最好在面前放一面小镜子，面带微笑，再开口说话。笑和不笑打电话，效果肯定不一样。

四、专业标准的姿态和清晰缓慢的发音

打电话过程中绝对不能喝茶、吃零食，即使是懒散的姿势，对方也能够"听"得出来。如果你打电话的时候，弯着腰靠在椅子上，对方听你的声音就是懒散的、无精打采的；若坐姿端正，所发出的声音也会亲切悦耳，充满活力。因此，打电话时，即使看不见对方，也要当作对方就在眼前，尽可能注意自己的姿势。同时注意说话时的发音速度，通常速度越快，客人越听不清楚。注意你的语调要与客户的声音同步。

五、迅速准确地接听

美容院平时工作繁忙，桌上往往会有两三部电话。听到电话铃声，应准确迅速地拿起听筒，在三声之内接听。电话铃声响一声大约 3 秒钟，长时间无人接电话，或让对方久等是很不礼貌的。对方在等待时心里会十分急躁，我们就会给对方留下不好的印象。即便电话离自己很远，听到电话铃声后，附近没有其他人，我们也应该用最快的速度拿起听筒。这样的态度是每个人都应该有的，这样的习惯是每个美容院工作人员都应该养成的。如果电话铃响了五声才拿起话筒，应该先向对方道歉。若电话响了许久，接起电话要先说"对不起"，否则，会给对方留下不好的印象。

六、认真清楚地记录

随时牢记"5W1H"技巧，所谓"5W1H"是指 When（何时）、Who（何人）、Where（何地）、What（何事）、Why（为什么）、How（如何进行）。在工作中这些资料都是十分重要的，与打电话、接电话具有同等

的重要性。电话记录既要简洁又要完备，有赖于"5W1H"技巧。

七、了解来电话的目的

上班时间打来的电话几乎都与咨询项目或价格有关，美容院的每个电话都十分重要，不可敷衍，接电话时也要尽可能问清需要，但应该避免在电话中直接销售。我们首先应了解对方来电话的目的，如自己无法处理，也应认真记录下来，接电话的主要目的是让客户进门咨询，这样就可以客观了解客户的问题并准确地进行方案推荐。

八、有准备地打电话

在给顾客打电话之前，准备好推荐的话术。例如，推广项目的卖点、为什么对这个客户有吸引力等。美容顾问应在顾客接起电话时说："您好！×小姐，我是××的美容顾问×××，请问现在和您讲话方便吗？"之后再进行介绍，避免语言啰唆和重复。

九、挂电话前的礼仪

要结束电话交谈时，一般应当由打电话的一方先挂电话，要求美容院的美容顾问和美容师要在对方挂电话后方可挂断电话，之前必道一声"再见"，再挂电话，不可只管自己讲完就挂断电话。

十、电话礼仪中的注意要点

亲切的微笑、真诚的服务、专业的形象及精深的业务知识，是你工作的"百宝箱"。你每一次解答问题，每一次服务顾客，都是一次满意

接听电话
⇨电话铃响，迅速接听
⇨首先"自报家门"
⇨迅速给出答案：回答、拒绝或转其他同事
⇨适当记录细节

注意：
• 使用电话敬语
• 等对方挂断后再挂电话
• 同事不在座位时帮助接听电话，并留言记录
• 电话时间控制在3分钟以内，最长不超过5分钟

电话拜访
⇨拨通前先打好腹稿
⇨自我介绍并稍做寒暄
⇨迅速切入主题

的测评，将自己美好的形象根植于每一位顾客的心中，这样才能够赢得客户的信任。切记以下美容顾问的服务原则：

（1）仪表端庄、面带微笑。

（2）客户至上、礼貌第一。

（3）主动问候、专业接待。

但是，有了良好的着装和电话沟通并不能保证我们在每一个服务环节上都能取得客户的信任。下面，我介绍一下美容顾问的服务规范。它和后面的销售话术构成美容顾问工作的核心部分。美容顾问服务规范以客户为中心，是从客户进门到离开整个接待过程中美容顾问的行为和语言规范标准。

第五章　美容顾问的标准服务流程和话术

1. 迎接顾客的专业动作和手势

2. 接待顾客时不同情况下的行为要求和语言规范

3. 不同岗位人员在顾客交接时的语言及行为要求

笔者通过学员现场演练深入解答如何通过专业的接待留住客户

一、 迎接顾客的专业动作和手势

（1）头牌美容顾问应站门头位。按标准站姿，将双手自然叠放于小腹前，右手叠加在左手上，两眼目视前方，表情自然不拘谨，等候为顾客服务。当顾客离你 10 步远时，你需要点头示意；距离门口 1.2 米时，左手拉门，身体略向前倾，且与身体成 30 度角，手臂伸直，

> 你的脸是为了呈现上帝赐给人类最贵重的礼物——微笑，一定要成为你工作最大的资产。
> ——销售格言

五指自然并拢，掌心稍稍向上，手势范围在腰部以上、下颚以下，用亲切的目光和灿烂的笑容道出欢迎语："您好，欢迎光临。""请这边走。"引领顾客到接待区，按行进指引时的姿态规范，步伐从容，步幅适中，走在顾客的右前方。同时向顾客询问："请问小姐贵姓？"直至入座，入座后介绍自己："×小姐，您好，我是×××专业美容顾问×××，很高兴为您服务！"

（2）当进来的顾客恰好是美容院的老顾客时，应送给她一句老朋友似的问候语："您好，××小姐，很久没见到您了。"顾客会很高兴这种被重视的感觉。

（3）头牌美容顾问带领顾客走向顾问间时，二牌美容顾问应及时补位，三牌及时倒茶送给顾客，然后回到二牌的位置上，在营业期间不能空岗。

二、接待顾客时不同情况下的行为要求和语言规范

（1）请顾客入座后，美容顾问按标准姿势入座，尽量轻稳，缓缓坐下，坐好后亲切地询问顾客："×小姐，您好！我是×××的专业美容顾问×××，请问您今天需要面部服务还是身体服务呢？我很高兴为您介绍。"在聆听顾客咨询时，应双眼注视顾客，面带微笑，在倾听过程中适当加入一些"嗯"、"对"，不时和顾客保持回应，给予恰当的回答。

（2）知道顾客的姓氏后，对顾客的称呼前面应在每次说话前加上顾客的姓氏，如"×小姐"，以示对顾客的尊重和亲切感。

（3）在回答顾客咨询的过程中，如发现顾客脸上显现出没听懂的表情，应该耐心地为顾客再解释一遍。要注意换一种更容易明白的解释方法，你可以这样向顾客说："对不起，×小姐，可能刚才我没说清楚，

允许我再说一遍好吗?"

（4）当前台顾客较多时，可以根据情况将顾客分散到休闲区等候，按顺序由专属顾问接待（如果都是新客，由当值顾问按轮牌顺序接待）。假如一群顾客出现，要求当值顾问全部到头牌位置接待，如果顾客要求由一人接待，顾问应这样回答：

"为了节省您的时间，另外，每个人的皮肤状况也有差异，最好由我们分别为各位提供专门的咨询，您看好吗?"

如果人手不足，这时可以说：

"您好，×小姐，现在人比较多，请您先喝杯水，在这里等一下好吗?"

（5）咨询解答完毕时，你需要征询顾客的意见，得到顾客对你咨询的确认。这时你可以这样说："请问，我的解释您满意吗?"

（6）当遇到无法解决的问题时（如没有美容师服务），应首先向顾客致歉，求得顾客的谅解，并寻求值班经理的帮助或引导顾客到休闲区等待。其话术流程如下：

"×小姐，对不起，因现在顾客太多，来不及排位。如果您时间充裕的话，我带您到休息区用点茶，等候××分钟好吗？到时候，我来迎接您。"

如果顾客没有等待的时间，就说："真的抱歉，×小姐，如果方便，我会电话为您预约留位，好吗？您什么时间方便呢?"

（7）需要顾客签名时，应将资料平整、正向摆放在顾客面前，并用右手的拇指、食指和中指夹住靠近笔尖的位置，用笔背指着填写的位置，示意应填写的位置，同时向顾客解释："×小姐，麻烦您在这里签名（或补填××内容。）好吗?"

当遇到顾客正在打电话、讲话或喝水等情况时，绝不允许干扰顾客，顾问可以眼睛注视手中的顾客档案卡，并用眼角的余光观察顾客，待顾客进行完手头的事情后，再向顾客确认签名。

（8）办理顾客档案资料时，如发现当日是顾客生日，可适时地为顾客送上一些生日祝福语，如："真巧，今天是您的生日，衷心地祝您生日快乐！"并预备生日赠送项目（当日免费），顾客会因你细心的服务而感到意外的惊喜。

（9）当顾客向顾问提出的服务超出美容院规定的服务范围时，应有礼貌地解释清楚，请顾客谅解：

"×小姐，对不起，我们暂时还没有引进该项目，请问您对这个项目的哪方面功能感兴趣呢？"

如果顾客说出兴趣，就推荐相类似的项目或产品：

"×小姐，对于您刚才提到的去黑眼圈，我们的氧美人去黑眼圈也极其有效，您是不是尝试一下呢？"

如果顾客说："我只要做这个项目。"

顾问可以这样回答："×小姐，很抱歉，我们暂时没有引进这个项目，如果我们一旦引进这个项目，我会第一时间通知您。"

（10）当个别顾客有投诉的过激言行时，要尽量克制忍耐，得理让人，不与顾客争辩顶撞，应直接道歉：

"×小姐，对不起，这是我们的责任，请原谅！我一定马上解决。"

然后请值班经理协助解决，或直接在权限内给予顾客补偿。尽量避免顾客提出条件再谈，因为这时顾客已经很生气了。

（11）咳嗽或打喷嚏时，要转身侧向顾客，以手或纸巾遮住口或鼻再进行，切忌直接面对顾客。

（12）当美容顾问或美容师接待顾客，因特殊情况需要短时间离开时，应先向顾客说明：

"×小姐，对不起，我去×××一下，请稍等。您可以先喝点饮料或看杂志。"

回到原处继续为顾客服务时，应再次向顾客表示歉意：

"×小姐，对不起，让您久等了。"切忌一言不发离开或一言不发就开始服务。

（13）未听清顾客说什么时，应说："×小姐，对不起，麻烦您再说一遍，好吗？"

（14）当和顾客确认签单时，美容顾问应该微笑着说："×小姐，请问您是付现金还是刷卡？是我去代您交付，还是您亲自付款？"

（15）对已签单顾客，美容顾问应说："×小姐，请跟我来，我带您去美容区，先冲凉。"美容顾问应直接带顾客来到美容区，对当值美容师做介绍："×××，这是我们的客人×小姐，今天的项目是×××。"然后对顾客说："×小姐，这是今天为您服务的美容师××。结束时，我来接您，我们待会儿见！"

美容师应该面带微笑，注视着顾客的双眼三角区说："欢迎您，×小姐，很高兴为您服务！请跟我来！"左手自然前伸，做邀请手势。

美容师带顾客来到沐浴区，向顾客介绍："×小姐，这是更衣室。您的衣服可以放在这间柜子并锁好，里边我们为您准备了一次性的纸内裤、浴帽，还有浴巾、浴袍。×小姐，您这边请！您先更衣，我在外边等您。"

顾客更衣后，美容师接着说："×小姐，这边请！这是我们的沐浴间，空间很大，非常舒适，这是沐浴露、洗发水，纸内裤和浴帽在这里。我们的冲凉时间为10分钟，我去为您准备房间，10分钟后，我来接您。"

如果顾客说："我想桑拿时间多一些。"美容师则说："好的，桑拿的最佳时间是5~10分钟，否则会导致皮肤脱水。我10分钟后来接您，好吗？"

保洁员应在外等候客人是否有其他需要。美容师应去配料间领料，安排好后，来接客人。

（16）美容顾问在电话回访或接受电话咨询时，应亲切、温柔、语速适中、吐字清晰。

"×小姐您好！我是您的美容顾问，打扰您几分钟，我们新推出××项目。""×小姐您好！我是×××美容顾问，您有什么问题我可以帮到您吗？很愿意为您服务。"如电话不能解答清楚，应礼貌解释并盛情诚邀对方来美容院咨询。不要忘记微笑哦！

（17）陪同顾客参观美容院设施和项目时，美容顾问应在顾客的左前方或与顾客平行的左边，语气平和、自然大方地向顾客介绍，不能影响其他正在接受服务的顾客。美容顾问应根据与顾客交流的结果有针对性地讲解某些特定的仪器或产品，增加顾客的感性认识，完成好业务。

三、不同岗位人员在交接顾客时的语言及行为要求

（1）当顾客需要服务时，在美容师和顾问都不在的情况下，保洁员应及时为顾客提供服务，让顾客不孤独、不茫然，引领时步速适中，介绍时语言温和。

（2）美容顾问与顾客在沐浴区门口，对当值美容师做介绍："××，这是我们的客人×小姐，今天的项目是×××。"然后对顾客说："×小姐，这是今天为您服务的美容师××。结束时，我来接您，我们待会

笔者在天美·美甲店招商会上精彩授课

儿见！"

（3）当美容师通知美容顾问工作已完成时，美容顾问对顾客的感受应进行及时的了解："×小姐，您对我们的服务项目还满意吗？有什么意见和要求？"询问时应做到语言亲切、步态平衡、行姿规范。顾客对美容院工作满意时，美容顾问应答："这是我们应该做的。您再喝杯水吗？"

（4）陪伴顾客到前台收银处，与收银员一起完成收款业务，应按规范要求完成每个动作。

（5）当顾客对美容院的服务满意离开时，美容顾问应陪同顾客到门口，充满热情地与顾客道别："×小姐，如果我们有新的优惠时，我会及时跟您联系。您要预订项目也可以直接给我打电话。很荣幸今天能为您服务，也谢谢您对我们的信任！再见！"

（6）在门口用标准站姿，身体略微前倾30度，直到顾客离去。

当顾客遗留物品在前台或接待区时，如果顾客尚在你的视线内，应立即叫住顾客，让她取回物品。否则，应迅速查找失主。如果失主已经离开美容院，应立即在顾客订位表中查找客户，及时联系客户来领取。在顾客未来领取之前，应将物品交与值班经理妥善保管。

如果我们在整个美容顾问服务流程中都能通过以上行为和语言体现出敬业精神，建立客户的信任应该是没有问题的。

第六章 美容顾问的服务原则

专业与敬业是美容顾问原则的核心！

美容顾问必须了解客户的三个需求层次顺序：

精神需求

功能需求

经济需求

如果说，敬业等于赢得信任的能力，表现在美容顾问的咨询服务过程中，则是在各个环节从感情和情绪上满足客户所需，把服务和回

> 与朋友交，言而有信。
> ——格言

应做到最优。此时，服务是否优秀取决于客户对你这个人的信任和喜欢，她是否能在情感上信任你。

信任问题决定了一个顾问在销售当中的适度原则。对客人来说，是否接受你的服务或选择你的产品，并不取决于你的产品多么好，在她没有体验之前，最重要的是促使她决心体验的行动。一个人做出选择首先是建立在信任的基础上。如果说信任是基于对你的人品的认同，那么你就要在交流中体现你的人品。在行为结果上，就得把客户的"人"放在前面，"钱"放在后面，先赢得客户的认同，之后才可以进行推荐。

如果要判断这个客户是否有钱，取决于什么呢？通常取决于她首次开卡额的多少。一个有钱的人，可能你向她推荐1万元的卡，她立刻眼都不眨地刷卡了。那么，跟她推销其他项目的时候，就应该放松一点、多加项目，为什么？因为对她来说，享受是最重要的，对吗？假如一个

客户，你千动员万动员，她左审查右审查，才开了一个 3000 元的卡。你能不能多加项目给她？不能！因为她一听就怀疑你的用心。一旦产生怀疑，你让她续卡容不容易？不容易。她说你别有用心，你就是故意让她把这些钱花完，然后好再让她掏钱，所以她心里会带着阴影，然后就不续卡。因此让客户信任取决于要能适度地分析并采用正确的行为方式让客户自己做出选择。

以客户为中心的行为是不自我设限，不是直接推荐试做某个项目，而是能够问出客户的需求。这是第一个原则。

美容顾问要求的第二个原则就是专业。专业是令客户信服的技巧。她通过和你的交流体察出你在满足她的需求方面是否表现出足够的专业。只有足够的专业，才会令客户信服。

你的专业取决于什么呢？取决于客户的信服。信服是在信任的基础上用专业做铺垫。但是专业体现了什么呢？用客户明白的语言解释客户的问题，并告诉她解决的方法或原理，这就是专业。

例如，她为什么要做护理？她的脸上或身体有什么问题？选择用什么产品或仪器做？做了之后效果是什么？假如我们能为客户解决这三个问题，我们就解决了专业性问题。告诉客户为什么要用产品呢？因为我老了，因为我看着丑，能不能行？这绝对是不行的！为什么说销售就是技巧，除了心理学的原理，还得拥有将产品功能转化成为对客户有益处的能力。

那么，美容顾问销售的前提是要解决什么问题呢？我们把客户购买的三个需求层次按顺序分为：精神需求、功能需求和经济需求。销售就是按需求顺序满足客户的过程，这通常和我们销售人员的需求相反。认识到这一点，对销售成功是至关重要的。

笔者与美容业精英在招商会上合影留念

客户购买需求的第一个层次是精神需求，感觉需要。在决定是否购买之前，客户要的是心理感觉的满足；心理获得了满足，客户才产生第二个层次的需求——功能需求，要求产品有效果；第三个层次的需求才是经济需求，要有合理的价格。

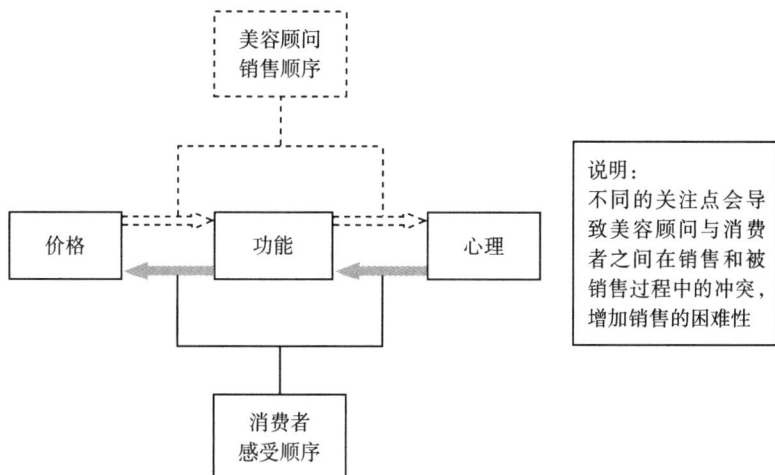

图1-1　美容顾问销售顺序与消费者感受顺序

```
        ┌─────────────────────┐
        │  美容顾问与消费者    │
        │  共同关注的销售顺序  │
        └─────────────────────┘
                                         ┌──────────────┐
                                         │ 说明：       │
   ┌──────┐    ┌──────┐    ┌──────┐      │ 专业的美容顾问│
   │ 心理 │ ──→│ 功能 │──→ │ 价格 │      │ 应以消费者的感│
   └──────┘    └──────┘    └──────┘      │ 受顺序为销售顺│
                                         │ 序，这样才能更│
                                         │ 顺利地完成销售│
                                         └──────────────┘
```

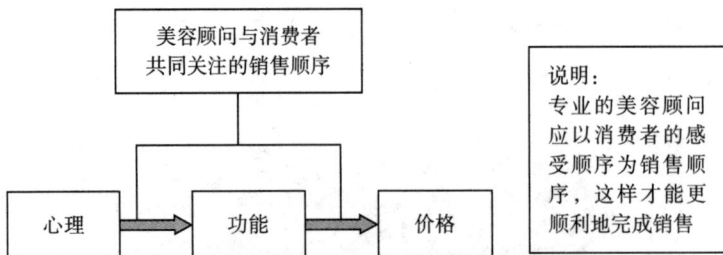

图1-2　美容顾问与消费者共同关注的销售顺序

那么究竟让客户用什么产品呢？假如美容院有四个系列、十几种产品、一百多个项目。客户究竟用哪个项目才有用呢？如果你把每个项目都推给她看，说请看吧，请任选吧，这就叫不负责任。因为她不愿意看，她也不会看，所以美容顾问的介绍就要有针对性。

在客户看来，我的皮肤和身体是个什么情况？适合用什么产品？你能说服我，给我一个建议，告诉我用什么产品和仪器，才适合，你就是专业的，我心里就很服气。如果客户选的产品不合适，你可以说："它价格偏高。另外呢，它和你没有任何问题的皮肤并不相配。问题皮肤用这个产品疗效很好，当然功能强价格也高一点。但是您目前的皮肤没那么多问题，只做一个基础的护理就行了。"客户听了，心里会怎么想？很舒服！你看看，对啊！既然我没那么多问题，我用这个就可以了，我为什么不省20元？甚至对她来说省20元根本不是事。客户做护理，要的就是你爱她的那颗心！你为她虽然节省20元，但是她心里觉得这小姑娘人不错，保证第一个给你肯定，说你人不错，然后说："不要紧，可以做。"20元对你来说虽然无所谓，但是客户因为你把她的人放在前面而对你产生好感。而接下来，你们的关系就是一种建立在认同基础上的信任了。对这样的客户，下次再来新产品时，你就可以说："小姐，我们新来了一个仪器。你可以做一下局部的瘦身。那个仪器效果非常显著，我们的单次卡才 880 元钱。"那个小姐会立刻说："OK，试一下！"

你看，很轻松，因为她认可了你以后，你推荐任何产品或服务都等于为她着想；她不认可你之前的行为，你无论推荐什么产品或服务她都认为是算计她。这个逻辑大家一定要搞清楚，专业顾问要搞不清楚这个，就不会赢得客户的信任和信服。

我们有些年纪小的顾问，跟容易说话的客户打交道久了，推荐什么，客户就买什么，一遇到有主见的客户就着急，她有钱，可就是不花，怎么办啊？人家的钱人家有做主的权利，干吗非得听你的就消费了呢？如果，你有能力让客户意识到自己的问题以及问题的紧迫性，她当然就敢于消费了。这里重要的不是客户有没有钱，而是你是否有能力让客户发现自己的问题以及为了解决问题而消费的理由。

所以，美容客户的第一个需求层次是精神需求，也是心理需求，看你要顺眼，听你说话要舒心，接待期间整体感觉要专业，客户的感觉就会好。

想要做到真正了解客户的精神需求，就得明白开场白的重要性。

"您好，×××会所欢迎您！"

"请问您是做面部还是身体呢？"

彬彬有礼，服务专业不容置疑，有明确的针对性和专业性。

"哎，姐，来了。这次做个补水吧。"

随意，且很不专业。语言决定客户印象。顾问要注意掌握亲和与随便的界限。

第二个需求层次是功能需求。美容顾问人很好，还不足以解决客户消费的问题，关键是产品和仪器要有效果。可还没有做呢？怎么能看出效果呢？这就需要顾问对产品和仪器的功效有最深刻的把握，同时，能够做最引人入胜的介绍，令客户产生体验的欲望。

在介绍时，永远要记住突出两种选择，随时给客户提供不同价位、不同形式的两种功能相近的产品。让客户在选择的过程中，进行思考和判断，而不是在你推销的压力下选择拒绝。

例如："您的面部补水问题，我们有两个项目可以解决。一个是瑞士美白特效补水系列，其中小分子的玻尿酸对缺水皮肤有超强的补充效果；一个是法国的玫瑰精油补水套餐，您可以先看一下这两个项目的介绍。好吗？"

第三个需求层次才是经济需求，要有合理的价格。关于价格，我在前边讲过，价格是价值的保证。合理是对客户的心理预期而言，而不是对我们的收入而言。

当然，这里有操作的技能训练。就是如何报价，才能既满足客户的经济需求又成功实现买单的结果。只有好心未必有好的结果。所有的工作都有专业的技术环节和规律性的东西，只有掌握了基本规律，才能在此基础上推陈出新、因人而异，做到游刃有余。

第七章 美容顾问的销售工具

1. 一本齐备、完整的顾问册

2. 如何设计一本齐备、完整的顾问册

3. 美容顾问的专业素质

一、一本齐备、完整的顾问册

一本齐备、完整的产品大纲即顾问册，就是对所销售产品的最基本的介绍。顾问册是美容顾问的工具，美容顾问是要有工具才能销售的。因为有很多客户相信眼见为实。另外，这也方便客户记住产品价格及促销优惠。也许老客户不需要看你的顾问介绍和产品销售介绍，但是初来的客人是一定要看的，因为她要通过这个来评估美容院的规模、产品及服务品质，这实际上就是我们的名片。

美容院是否准备好了完备的产品大纲呢？不管是使用印刷的平面册子来展示你的服务项目还是用计算机介绍你的服务内容，一个基本完备的产品及服务项目介绍对客户来说是十分必要的，对顾问的销售就更重要。

二、如何设计一本齐备、完整的顾问册

完备的产品设计是如何的呢？我们的美容院院长要不没有顾问册，要不有顾问册也只是产品和项目的罗列。顾问册要讲求设计。讲求设计就是

> 人之所以有一张嘴，而有两只耳朵，原因是听的要比说的多一倍。
>
> **——销售格言**

把封面搞得很时髦，搞得十分精美，但不能把顾问册搞得又大又厚又重，如果搞得又大又厚又重，就只能摆在那里看着，不方便拿在手里选择。其实很多美容院不懂得顾问册作为工具的作用。

我在新疆一家有 2000 平方米的新会所参观，一张白纸上密密麻麻写着："优惠：1000 元送 4000 元。"我问："为什么？你的产品价格是怎么定的？你的利润是怎样的？"答曰："我们开始是不赚钱的，我们就是为了让客户来，有人气。"

我问："这张纸它值 1000 元吗？"对方答曰："对不起，我们新的宣传册没印出来，然后我们就写在这张纸上了。"

就这张纸的形象看上去不值一元，它却买 1000 元送 4000 元。这件事给我最大的震惊就是，我们可以花 200 万元去装修一家豪华会所，但是我们在给客人看的这个东西上，却斤斤计较。可以想象假如一个穿得仪态万方的美容顾问却拿出一张这种纸来给客户看，客户能买单吗？谁也不会买，那就是用豪华装修来骗傻瓜的啊！任何有头脑的人都不会买的。

通过这么一个形象，人家会看出来：第一，你定价没有原则；第二，不知卖什么产品；第三，不知道赚不赚钱；第四，没有管理。为什么呀？拿一张纸出来了，那样的价格出来了，那样的话术出来了，谁能买单？真是很可怕的一件事！

所以我们说，做美容院先要解决的问题是：你要有一个美容院产品和服务的大纲和说明，而且要包装精美，越精美越显示出你的专业程度高，但精美是指符合你的客户审美和整体定位，不是搞个拿不动的厚厚的相册，像新娘照片集而不像工具书和品牌介绍。

好的顾问册要包含下面几点内容：

（1）公司的简单介绍。公司的特点和服务特长，创立时间和品牌追求。总得让你的客户知道她在和谁打交道或者准备把钱交给谁。

（2）你提供的产品包括什么。首先是会员卡介绍，这是顾问销售的最重要的工具。其次是疗程卡，这是项目销售的最佳途径。再次是体验卡，这是推出新项目、拓展新客户的最佳选择。最后是美容产品和仪器项目的全部目录。在这方面，有按照项目疗程罗列产品的，也有按照功能和部位提供产品和项目介绍的，还有在计算机上直接显示项目编码的。无论如何做，都要以客户看明白功效和价格为原则。至于报价，很多美容院直接报价后打折，也有的在提高价格后通过会员卡的折扣设计回到合理价格上来。

（3）价格系统和优惠介绍。因为美容院大部分采取的是预收费会员制。那么，会员等级和优惠幅度就是客户关心的。稳定的价格比多变的价格更令人信服。

在做好以上三点的基础上，美容顾问要接受完整的训练，她们必须了解产品、了解客户、了解现场。所以，我们在这里说的产品说明书，几乎就是美容顾问的培训手册。公司的所有产品、项目和价位，每个美容顾问都要倒背如流，而不能拿起来手册说："你看吧。"美容院给客户任何手册，客户一看，就眼花缭乱，为什么？因为她无法选择她用什么，给她看有什么用？所以专业顾问要把这个产品手册当作是训练自己的工具，这个工具决定了我们的专业程度！

三、美容顾问的专业素质

美容顾问是做什么的呢？是通过专业诊断和说服让客户接受我们提供的美容产品和美容服务的专家。

> 世界会向那些有目标和远见的人让路。
> ——冯两努

那么，能不能只看一个人的外表，就给人家像算命一样做判断，然后就让人家接受了呢？NO，保证别人会否定你！为什么呢？缺乏判断的科学依据。

一个美容顾问要具备专业素质，才有可能在这个行业长久地发展，否则就只能是一个临时的，用青春来当赌注，在这个行业试两天的匆匆过客。

对此，我感受特别深。一次在武汉讲课，有500人听课。坐在前排的一个女士举手大声地说："朱老师，我有个问题。"

"请讲！"

"我漂亮吗？"

我赶紧说："漂亮！"

"那我为什么就找不到爱我的那个人呢？"

"这个问题有共性吗？"

下面500个人一齐回答："有！"

"你们每天见到的都是你的员工和女性顾客，所以找不到爱人是正常的。"

"那怎么样才能找到呢？就是让你的公司健康发展，然后你到朱老师的领导力和培训师培训课堂上去。那里有很多成功男士，到那里找一个同学谈恋爱，给自己创造恋爱机会。"全场哄然大笑。

她说："有道理。"

我这样说不是开玩笑，而是有一个真理，你想要什么就要千方百计寻找一切机会出现在你想要的对象面前，你的每一次接触都在形成机会。爱情如此，生意也是如此。寻找，才能够找到；你敲门，门才开。假如我们在自己面前的客人眼中都不能树立我们的专业与亲和力，我们又指望到哪里去寻找心中的上帝呢？假如老客户都不喜欢，新客户又如何呢？

这个行业里接触同性的机会无限大。如果你不专业，就很难挣脱工作给你带来的类似上面故事中的心理压力。另外，据我所知，最优秀的客人的资源也是最优的，假如她认可你，她就会成为我们很好的宣传员。

因此，我们要和大家探讨做一个专业美容顾问的基本底蕴，以帮助我们正确认识这个行业和这份工作。以人格和道德修养，来帮我们建树一个青春不老、服务终生的事业。当然，我们会越老越吃香，为什么呢？因为年轻人可能聪明、有容貌，如果客户来做美容，你的态度和技巧稍稍不到位，她就会嫉妒，不愿意把钱给你。但是如果你年纪大了，经验和感情都积累到一定程度，人家就会觉得你特别有经验。你三句话一说，她会心服口服地买单。如果你的客户是长期的跟随者，这种服务和感情的依恋都会为我们带来巨大的回报。能享受老了之后的专业收获也是我们的期待啊！

第八章　美容顾问的职业底蕴

1. 通过自我突破和学习把握人性

2. 将产品的特性转化为对客户的益处

3. 美容顾问的理论基础和业务实践

4. 避免降价误区，要了解客户究竟要什么才可以做美容顾问

5. 客户消费能力和贡献是不同的，比打折更重要的是策略

6. 专业的训练才能征服客户

7. 做好客户分析，才能服务好客户

8. 态度决定行为，社会只奖励那些行动最快的人

不管你卖的是何种产品，你都要将产品转化为对客户的益处，客户才能接受它。

一个美容顾问的职业底蕴应该包含哪些内容呢？我们把它量化为以下的能力特质。

> 升上顶峰意味着每次迈出的都是聪明的一步。
>
> ——艾伦·纽哈斯

一、通过自我突破和学习把握人性

对一个整天和人打交道的美容顾问来说，最重要的能力是对人性的深刻洞察。而唯一的途径就是深入自己的内心，看到自己的需要和自己的局限；懂得自己喜欢什么，才能给客户什么？己所不欲，勿施于人。明白了自己的局限，才能开放地看到所有可能和机会，才能在服务中接触客户时不因自己的局限而失去客户，就像一个站在山脚的人永远看不到山后的雪线和平原，一个仅局限在自己赚钱物质目的中的美容顾问是

无法看到或获取客户一掷万金的美容决断带来的收益的。

专业的素质并不是指你赚钱的欲望，而是指了解人性和自我的局限后从山脚起步，向顶峰攀登，通过开放的沟通和向上的学习和行动，打开自己的心胸和眼界，使我们通过服务满足客户需要，通过客户的消费实现我们的收入。打开自己比猜想客户能消费多少更重要。

自我的成长需要内在的交流，所谓善学者，必善问！学会问自己为什么做美容顾问？通过问如何做好美容顾问找到努力和学习的方向。

业绩是否增长可以检验我们是否有能力做个称职的美容顾问。业绩增长就是我们行动要获得的结果。

客户服务和销售在形式上表现为交流。不懂对象，就不存在交流；懂得对象，还要懂得对象的需求，才能通过交流获得双方满意的结果。任何交流只要双方都满意，结局一定是最好的。

二、将产品的特性转化为对客户的益处

不管你销售何种产品，这些产品多么有效，来源于哪里，包装多么精美，多么有科技含量，你都要通过语言表达将其转化为客户的益处，客户才能接受它。

> 不要问客户为你做了什么，而要问你为客户做了什么。
> ——销售格言

以上这两个基本特质是所有美容顾问必须具备的核心能力。

首先，吸引客户要懂得站在客户角度考虑问题，而不仅是专业角度或价格角度。如果你说某种产品好，而客户听不懂，则是没有用的。你让一个面色很黑的人减肥，能不能好？不能！因为减肥产品再好，她的兴趣点都不在这里。她很想让自己白皙一点，所以你要推荐可以让她变得白皙透明的产品，并且看上去非常自然、健康。所以客户关注你产品

的唯一理由就是她的需要，她不需要你需要是没有用的。

曾经有一次我出差到上海，去买口红，一个销售小姐拿着一支玫瑰色的口红对我说，"小姐，你买这个吧。"

我说："我想买一支橙色系的口红。"

"买这支吧，这个现在特别流行。"

我心里想："你买还是我买，你用还是我用？"

"小姐，我们很多客人都买这种，这个很流行。"

我转身就走了。实在没法买，她要推荐她喜欢的，可是却要我为此消费，我怎么可能买呢！其实她的问话变成以下才对：

"您好，小姐，请问您需要什么？"

我说："我想买一支橙色系的口红。"

"您看这两支满意吗？它们的颜色有些差别，但都是橙色系的。"

所以，美容顾问介绍的必须是客户想要的产品，美容顾问想卖的不行，一定是客户想要的。从这个意义上说，一个美容顾问的着眼点要明确，即目的明确，满足客户需要。美容顾问的知识量要支持她有能力完成把产品特性转化为对客户的益处这个转换。要有哪些知识呢？首先要了解相关沟通的技能、问话的技巧；其次还要掌握关于化妆品的全部知识，了解产品的名称、产地，了解产品的原料特质和工艺流程及作用原理，产品性能如何、如何使用及日常护理的方法；最后要具备皮肤原理、呼吸原理、结构原理，女子的生理卫生知识，特别是你推销丰胸项目的时候，不懂女性生理卫生知识，不懂得人在什么时候穴位刺激效果最显著，仪器要用什么手法和力度使用是最有效的，你就无法说服客户，使她认为你的仪器、手法及产品能产生强有效的作用。

更多时候，客户不相信我们，是因为我们的销售表现、沟通及说服关注在价格上而非客户需求上。

其次，还要具备心理学知识。什么时候客户非常防范你呢？为什么你能令客户紧张呢？当客户非常戒备的时候，你是不可能向一个端着肩膀跟你谈话的人推销成功的，因为她很排斥，很拒绝。能做的只是带她去参观。在参观时，她会放下排斥的身体语言说："好啊，还可以。"

最后，行为学的知识是必须要学的。例如客户进门，你坐在那里正确吗？不了解行为学的美容院会安排美容顾问和客户面对面而坐，或者客户坐着而你站着就开始销售了。这样居高临下，有一种抵抗和压迫的意味，很难让人放松。

这时候，你推销什么对她来说都是一种压力，后果会带来反抗。反抗的结果就是离开或拒绝。她放松的时候，信任你的时候，推销才可能有效。如果不懂得这个，客户越排斥，我们推销得越来劲，最后客户只会把我们大骂一顿走人。

而两个人坐在一起时，建立信任最好的角度是45度，或者坐在同一面。这些细节都构成美容顾问专业的一部分。

如何把你的产品转化为对客户的吸引呢？使之成为她需要的。如何使我们的产品成为客户的需要呢？就需要我们拥有专业的美容产品销售技能。

整个的顾问销售流程都是一个展示专业和内在素质的交流过程。没有对话，就没有销售。销售就是对话，对话就是交流。对话的时候，总有一个人会掌控局面。

学员与笔者分享收获的喜悦

三、美容顾问的理论基础和业务实践

如果你有丰富的经验，客户就会相信你，你就可以享受专业的收获。

> 再冷的石头，
> 坐上三年也会暖。
> ——销售格言

在我们进入和客户进行实际交流环节之前，先谈谈美容顾问应该掌握的理论基础。美容顾问为什么需要理论基础？没有理论，我们也干了 20 年了。当我们培训大学生做美容顾问的时候，发现她们没有学过化妆，没有进过美容院，没有在这个行业做过一天。但经过 15 天训练上岗后，她们比我们做 10 年的美容顾问还专业。为什么？因为她懂得怎样和别人沟通，知道把什么给别人。她说服别人开单了，而且业绩很高。一般来说业绩最高的美容顾问都是学历很高的。虽然学历不等于能力，但是有了业务实践，她的基础素质就会发挥作用。因此对学历不高的美容顾问来说，最重要的是怎么样打基础，让我们更专业一些。

中国有一句俗话，叫"做事之前先做人"。还有一句话，希望大家记住，"读万卷书不如行万里路，行万里路不如阅人无数，阅人无数不如面壁开悟"。我们的工作给我们提供的阅人机会非常之多。能够读懂人心，还有什么不能明白？能够读懂自己，才能将心比心。

阅历是什么？阅历是阅人无数后的经历带来的经验判断。有阅历的人能够做到眉睫之间卷舒风云之色，心里翻江倒海别人却从你的表情上看不出任何波澜。而我们的美容顾问阅历很浅，她的情绪态度不但让客户能看出来，还唯恐客户看不出来，对吧？我们接待客户的时候，唯恐客户看不出来我们的反应，上下打量不说，还要加个鼻音，"嗯！没钱来这儿干吗？"我们这让客户感觉简直恨不得打死你才好！这里头缺乏尊重带来的谦和，也缺乏阅历带来的大度。所以见惯人生风雨的阅历后面是什么？是真诚对待所有客户的人品，不管她买不买单，都一视同仁。

笔者与学员深入探讨美容院发展方向

四、避免降价误区，要了解客户究竟要什么才可以做美容顾问

做一个专业美容顾问的前提是：你的所有建议都为你的客户提供了一个方向，并能让客户得到一个明确的结论。我们大部分的美容顾问经常是顾而不问，而且不会问。在专业

> 没有一种预言比自己对失败的预言准确。
> ——励志格言

上表现得非常幼稚。例如，美容顾问经常这样推荐说："请做我们这个美白产品吧！现在打折，原价 980 元，现价 180 元。"或者说："现在到'三八'节了，我们打 2.8 折，原来一套 680 元，现在一套 98 元就可以。"

听到这种介绍，客户可能会想："我是贪小便宜才到这里来美容吗？为什么这么低的折扣？是不是这种产品根本就卖不出去了？"如果每一天销售的语言都以此开头，客户就会养成习惯，反正是要打折的，不打折就有被欺骗之感。这样做，就是不懂得客户的心理，只是为了打折做顾问销售，缺乏准确的顾问概念。因为客户来做美容只有一个目的：让我的面貌更美丽一些，让我的身材更青春一些，让皮肤的衰老减缓一些。如果只是以打折来吸引客户，就等于在用另一种语言对她说："货不真、价不实，千万别做。"而且客户是越打折越不做，为什么呢？因为越打折她心里头越没底。

我们自己也有过这种心理体验。我曾经和一个朋友在深圳国贸街上买山竹，我问："多少钱一斤？""38 元一斤！""太贵！""28 元？""不行，还是太贵，我要是都买下来多少钱啊？""21 元？""那也不行，还是太贵！""18 元。"我们坚决转身走开。她很固执地追上来说："再低

一点你们全要了，行不？"我们面面相觑，谁都不敢买。因为她的山竹要不就是坏的，要不就是秤有问题。不然，怎么会降起价来没有边儿？这是顾客购买商品的心理状态的一个实例。

不以打折的语言开头，就得设计更为专业的语言：二择一原则永远适用。

请问您是想做面部还是身体？请问您认为自己面部有哪些问题呢？请问您喜欢仪器美容还是产品美白呢……

五、客户消费能力和贡献是不同的，比打折更重要的是策略

你不停地去降价，要么表明你缺乏客户，要么说明你的产品缺少可信度。客户为什么要购买你的美容产品呢？作为一个美容顾问，先要了解客户要什么，心里想什么。

> 人生的真正欢乐是致力于一个自己认为是伟大的目标。
> ——萧伯纳

美容客户在求美以外，还有四大特征：求新、求奇、求特和求优。但是这个新、奇、特、优不是你的概念，而是对客户而言的，是不变质的、是新鲜的、是奇特的、是品质卓越的。要是满街都卖，家家都卖，对客户就是不新、不奇、更不特。如果天天打折，效果又不明显，就别提优了。你能不能卖出价格来？能不能满足她的需求？不能！如果我要进一个新产品，我就有了定价权。我一定在最短时间内，把量做上去，才有大量客户跟随，别人想做时，要跟我的价格，甚至比我低，才能够夺取市场。不能大范围满世界打折试做，让你的客户挑剔你。你只要奇货可居，选择客户当中最忠诚、最肯为美丽而投资、最有影响力的一部分，给她们免费做，或给这部分人试做。别人想试做，对不起！你不是

我的最高档的客人，不是我 3 年以上的客户，有钱也不行，不能试做。如果你要做，原价买单，买我这个项目的卡。这才叫作了解客户。因为客户消费本身存在着差异。不同等级的客户的消费能力和贡献是不同的。这必须在我们的策略中有所体现。

还有，能不能不从价格上做文章？美容"卖"的不是价格便宜，而是功效卓著。在服务上做文章，比在价格上打折更有品位，更能提升美容顾问的专业形象。

我们经常是进了新仪器，在报纸上打大幅的广告，宣传我们的新设备："原价 2800 元，试做价 68 元。"有钱的大客户会去吗？也许去，也许不去，因为他们心里不太愿意自己因为便宜而去试做，不符合客户因为尊贵才做护理的潜在心理。

没钱人要便宜，有钱人要尊重。我们说"特"是对客户本身来说具有特殊意义，特殊意义就是客户要买单的理由。客户美容的第一理由是效果和舒适，你打折的诉求就会有问题。例如，我是一个特别关注我眼角是不是生细纹的人，那你跟我推荐多少美白产品我都会听不进去，因为那是你想要的，而不是我要的。可是你一旦说："我们有一种新的眼霜产品，可以在一个月内让您这些细纹变淡。如果坚持使用，3 个月后这些细纹还可能消失。您现在才 30 岁，到您四十几岁的时候再用产品去细纹，就不会有现在的效果了。"相信你的客户会觉得她马上就要用它，免得到四十几岁的时候再也去不掉细纹。

因此，当你推销产品的时候，你一定要清楚，它的特殊意义是对客户而言的，并且每一个产品对每个客户都有不同的着眼点和意义。那美容顾问能不能找到这个关键点呢？如果没有基本素养和知识你就很难找到它。你只能凭本能销售，或者按习惯销售，结果是只能打折卖或者按低价销售。这就是说，一个美容顾问要有一定的心理学、社会学，甚至营销学的知识，才能够做一个好的美容顾问。

每一堂课结束之后，学员们的收获都溢于言表

六、专业的训练才能征服客户

一个美容顾问如果没有在美容院的工作经历，不了解美容产品的特性，她能坐在前台推销产品吗？肯定不能！

> 成功是完成你所定的目标，不论这目标是大还是小。
> ——励志格言

我曾经训练过一家美容院的新员工，共有48个人，都是高中以上学历，从美容师到美容顾问，大多数都没有从事过美容行业。我做了15天的培训。刚上场时谁都不知道自己该干什么，表现很不专业。我们用一个月的时间强化专业知识，通过笔试、口试和实际操作，然后再进行技巧训练，最后的技巧训练是每个人逐个过关。我们要从48个人里选出十几人做美容顾问。表现不专业吗？不怕，我们逐一训练、矫正她们的客户服务销售对话技巧，从眼神到动作，从语速到内容，做到推荐产品时足够专业。可是，如果不经常训练，她们的能力还会下降，很容易回到惯性推销的习惯上去。

为什么要强调美容院美容顾问的业务训练部分呢？因为一个美容顾问必须懂得所在美容院的产品不同于其他美容院的产品的特点在哪里，每种产品的功效是什么，这才是我们的业务基础。没有这个业务基础，只靠价格推销很难征服客户。因为客户来美容院不是贪便宜来的，这是前提。她是为美丽花钱来的。我们只需要给她一个理由，就是花得"值"！如果你想卖得好，就叫"超值"。如果不超值她就讲价，超值她就欣然买单。美容顾问一生研究的就是如何让顾客欣然买单。

另外，一家美容院越豪华，客户越不敢跟你放肆，"店大欺客"啊。她心里觉得这样豪华的地方一定是非常专业的。所以有许多美容院重视装修，但是当大部分美容院装修都不错的时候，客户又开始挑选接待自己的人了。当然，这里还有一个时间和职业带来的优势。你研究美容5年，而她入行才7天，当然你是专家；如果你才入门7天，而她根本不了解美容产品或服务，你也是专家。但假如你面对的客户身经百战，你对她说的内容跟美容专业一点不沾边，人家一听，就会说是哪家的保姆来了？当然不会买单了！

一个美容顾问如果专业，她会留住客人，可是如果后台操作的美容师不专业也会赶跑客人。美容院是一个考验经营者管理能力的"小麻雀"，体积不大，五脏俱全。美容院没有一个岗位是可以独立存在的。所以，做美容顾问要关注全局。关心美容师的工作，了解美容师的特长，你才能通过认真准确的推介让客户满意，才能留住客人。美容院要想保持服务水准让客户满意，保持专业水准稳定销售，重要的是保持对员工的系统训练和考核。否则，是不能维持美容院的业绩持续增长的。

选收入不如选未来，找机会不如找平台。

在人员流动特别大的美容行业，最重要的不是我们个人的能力，而是我们选择的平台是否专业，然后你对这个平台的贡献是否是不可替代的。选收入不如选未来，找机会不如找平台。我们往往觉得收入越高越好，频繁跳槽，但是真正有眼光的人不会这样做。

为什么？不管你的能力如何，你都得给别人机会信任你、认可你，你才有可能在收入上体现价值。一个频繁跳槽的人，到了任何岗位都是新手，都得被试用，还没有获得重用又已跳槽，怎么可能让自己的价值最大化呢？当然，对老板来说，用高提成带来的高薪维持员工忠诚也不符合可持续发展的原则。合理的薪酬系统、科学的考核手段、有竞争力的奖金收入才能维持行业的持续发展。否则，通过预收款带来的虚假利润和小业主定税、逃避员工所得税带来的行业薪资泡沫不可能支持这个行业健康发展。没有科学的管理和良好的社会贡献，员工的跳槽和员工的低素质是很难改变的。了解了这些，美容院经营者才能够规范经营和管理，员工才能够干一行爱一行。

阅历和经验会带给我们沉稳，技能和投入会带给我们收入，忠诚和能力会带给我们机会。这就是我们成长的基础。

评判一个人的职业成熟程度，她是否有成熟的经验、是否有耐心去学习东西、是否拥有踏实的工作态度、是否喜欢自己从事的工作，都非常重要。它能让我们超越自身去考虑环境、平台、企业所给予的，大部分企业的付出远比个人的付出多。阅历和经验会带给我们沉稳，技能和投入会带给我们收入，忠诚和能力会带给我们机会。这就是我们成长的基础。社会阅历也帮助我们脱离自身去关注周围发生的一切，关注我们的企业，我们会发现自己的所有专业都仰仗于这个平台的支撑。我们会感恩、会珍惜、会投入，这样我们才能够踏实地享受生命。

七、做好客户分析，才能服务好客户

没有人来美容院散步。进门的人，就一定是预期的客户，你有本事留住她吗？

> 别想一下造出大海，必须先由小河川开始。
> ——销售格言

我在商场做过营销总监。那个时候我们要验证成交量和单笔交易的数量，专门安排了几个人在各个商场门口。我除了看收银机上的每个单笔成交记录之外，还要看人流量，其中有 46% 的人是不买单的，为什么？因为夏天大家都把晚上的时间用来散步，不想开家里的空调，要到商场去享受冷气，享受完回家冲个澡就睡觉了。而且，为了避免诱惑不买单，有人坚决把钱包放在家里，卡也放在家里，然后每天在商场转悠，实际上她就是不买单。有没有哪个女士闲到非要到我们美容院来散步呢？没有。比起购物中心和商场，美容院要好得多。

我们没有无意向的客户。客户只要进美容院，她就一定是想做美容。如果她不买单，那就是我们的功力不到。我们就一定要告诉自己，就是我的功力不够么！她不可能散步到你面前，她就是想美容，就是想让你说服她，就看你有没有这个专业能力。

我们每一天不仅要记下接待的客户的不同表现，更要记下不成功的原因。客户刚接待完，她没买单，就走了。你不要去洗手间，也不要骂她，立刻坐下来拿个小本子记下：她为什么不买单，我哪里做错了？从她进门的每个表情到我对她说的每一句话，都记下来，同时记下客户的反应。然后问自己：为什么不成交？不断地反思才能够改进，日久天长的作业会让你在专业的业务实践当中发现规律性的东西。

如果每天接待 5 个以上的客户，有一个成交，我就要问自己：为什么她听了我的话？是她的需要更明确，还是我跟她的交流更顺畅？其他4个没有成交，是我的问话有问题，还是客户压根就不想买单？但是我们回顾一下，有没有客户走进一家美容院不想做美容，只想享受一下冷气？肯定是没有的！如果有，一定是陪另一个朋友来的。那么，我们对她朋友的影响也会影响她，对吗？

正因为如此，请大家做好每一个客户的接待记录。然后问自己或者是让旁边的伙伴帮助分析为什么没有成交。通过实际案例来研究，研究得越详细，你以后胜算的可能性就越大。因为今天发现为什么不好了，第二天就明白怎么样去做了。一旦改进自己的行为和语言，就发现成功的喜悦了。业务实践，不是做过就忘，也不是做成了就高兴，做不成就伤心，而是做了就要总结，总结了就要学习，学习了就要改善，改善了你就能有更多的收获。当然，记录还不是主要的，记录后还要分析客户，通过客户来店的频率和消费的额度，能够把客户从贡献上分为A、B、C、D四类，以备日后管理和提供针对性的销售策略。

A类客户：一周来一次或开卡最高。

B类客户：一月来一次或开了疗程卡。

C类客户：三个月来一次或开了月卡。

D类客户：半年没来或者卡内零余额。

当然，美容顾问还要明白自己的每类客户都消费了什么项目。哪些项目她们还有可能感兴趣？从客户细分上找到销售的突破口，比一味推荐一种促销优惠更容易成功，也更容易管理销售额。在实践中对自己的客户分类可以根据具体情况安排，但是，对客户进行分类管理是美容顾问工作的基本功。

八、态度决定行为，社会只奖励那些行动最快的人

你以什么样的态度对待客户？

你以什么样的态度对待老板？

你以什么样的态度对待你的工作？

> 态度决定一切。
> ——格言

心智模式和人生态度决定了你的出发点，决定你是否拥有一个成功的、被别人需要的未来。

有的人很消极，认为我是拿薪水的，工作只是我谋生的手段，我并不喜欢它，只是不得不做它。于是这样的人把工作和生活分开，上班不开心，盼着下班。下班没等开心就入睡了。结果一天的大部分时间都很平淡，久而久之，生活也变得不快乐。我的原则是要主动经营自己的生活，经营自己的心情，让自己爱上生活中的每一分钟。喜欢是因为了解才可以产生的，但是你不去做，你能了解吗？不经历、不投入又怎么能喜欢呢？

对我们的美容顾问来说，我们能不能做这个事情，那是机会和能力的问题；我们想不想做，是我们的态度问题。有了从事一个工作的机会，我们认真地去做，在做中学，从而使自己的经历丰富；因为学习而了解，增加自己的经验；因为了解而热爱，从而使自己的生命变得有质量。

所以我们说心智模式非常重要！当一个人不懂得"人生必须有一个出发点，才可能行动着度过"是很可怜的。很多人在空想中期待命运的转折，因此很难投入自己现在的工作。人生要有积极的态度。积极是结果导向，是活在当下。它是"体验第一、参与第一、学习第一"。最后反映出来的结果是行动第一。社会只奖励那些行动最快的人，不奖励那

些想得最多的人。行动原则对成功来说是特别锋利的武器。想到就去做，我们才有胜的机会！想了不做，永远也不会取胜！积极行动的心态，会使我们在人生成长当中获得比别人更多的东西。

怎样知道一个人的态度呢？笑容。笑容是人生乐观的名片。所以每个美容顾问都要让自己拥有正确的人生态度，有了乐观的人生态度，才能始终如一，嘴角上扬，微笑迷人。心态先变了，面容随后就变。想成长为专业的美容顾问，她的底蕴是海面上冰山的一角，她需要做一系列的准备。当我们一无所知的时候，这种准备很难入手。当我们有了感觉的时候，就知道我们要有好的心态，要经受专业的训练，把自己打造成真正的专家。

第九章　美容顾问的能力特质

1. 个人魅力体现的服务专家形象

2. 参与流程互动体现的管理专家形象

3. 自觉的销售尖兵和支持者

4. 明确目标的执行者

5. 我们要做自己命运的主人

6. 成功来源于准确地瞄准目标，并每天都稳健地向这个目标迈进

7. 我们的目的是留住客户并长久地服务她

8. 美容顾问的职业目标

9. 美容顾问的三个观念和三个技巧

一、个人魅力体现的服务专家形象

做一个专业的美容顾问，要有定位原则，先问自己是谁？然后才问自己做什么？首先，你不是一个别人让干什么就干什么的刻板的螺丝钉，而是拥有主动服务的热情和随时为他人着想的服务专家。如果老板要你对客户说："你好，欢迎光临。"然后，你对着空气面无表情地说："你好，欢迎光临。"这有什么用呢？

> 没有什么事情有像热忱这般具有传染性，它能感动顽石，它是真诚的精髓。
>
> ——销售格言

我曾经和一些朋友去一家很大的酒楼吃饭。到那里时，16个穿旗袍的小姐出来迎接，所有小姐的眼睛越过我们的头顶说："你好，欢迎光临。"没有一个小姐是看着我们的，她们面无表情，只是说了老板让她

们说的话，完成自己站岗的任务，给客户的感觉非常差！你是谁都不清楚，站在那里就相当于木头。如果是木头，就不如放录音更节省成本。我们是在做一个专业人士做的工作，一定要比录音更有价值！如果我们坐在前台要比木头有价值，比模特更有价值。因为模特只让人看，不与人交流。

首先，美容顾问要把自己定位于我是一个服务者，服务谁呢？同伴，不但服务客户，还要服务我们的其他美容顾问和美容师。为什么我们不断为客户服务还要为自己的同伴和美容师服务呢？因为你对她好，她才支持你。同时，只有我们所有人都有客户，大家才会都感觉好。一个客户不可能因为一个美容顾问好而美容师不好而留下，她也绝不会因为一个美容师好而美容顾问不好而留下，所以服务是要求所有人都表现出高素质的接待能力和心理上对客户的热爱。

二、参与流程互动体现的管理专家形象

美容服务，表面上看似简单，其实是所有服务当中最复杂的。别人的服务一般是一个点和客户打交道，只做好一个点就可以了，而美容业则不然。

> 高山与鼹鼠丘之间真正的差别，就在于你观察事物时的不同角度。
> ——艾伦·纽哈斯

比如说，销售冰箱。我只需训练终端卖场的导购员做到非常专业，我就能让她令客户感觉到她所服务的厂家非常专业。因为客户到不了生产的工厂，看不到生产流程，看不见运输过程，甚至不知道电器里面的内容，他所能看见的只是电器的漂亮外表，只需要看导购小姐的介绍就把东西买回去了。当然，这样讲也不太合适。因为假如冰箱质量有问题，客户要退货，毕竟不是到工厂买货。他买货时只看到导购员，就对

厂家产生看法和印象。

美容院行吗？我们每个服务环节都是展示管理水平的横切面，每一个环节都和顾客面对面，从销售到操作的整个流程以及与客户的交往都一览无余。所以靠一己之力完不成。靠侥幸心理也不能让客户认同。同时，我们还要管理我们的下属。谁能在给客户做服务时做得更好，我们就要指导她了解客户的需求，让她做得更有针对性。要和美容师打成一片，没有任何服务是靠一个人做成的。美容师的服务及其产生的效果能帮助美容院达到持续的客户增长。管理是最重要的，帮助下级越多，她越感激你，大家创造的服务链条才越坚实，否则，服务将是零。

长久服务他人对美容顾问很有价值。因为美容院的顾客只要认准了你，基本上懒得离开，她不愿意到另一家陌生的美容院那里再去试用陌生的产品。当然最怕的是，我们的哪个环节一旦出了错，她就会弃我

> 思想决定行为，
> 行为决定习惯；
> 习惯决定个性，
> 个性决定成败。
> ——励志格言

们而去。对顾客来说，门外新开张的美容院越来越多，不怕没有选择。据我所知，很多人包里有三张以上的美容卡，那是非常激烈的残酷竞争的证明，人们并没把她所进的美容院当成心中的唯一。

为什么？她今天在这里不满意了，就到那家，那家过两天又不满意了，就又跳到另一家。如此看来，美容顾问的长远利益与长期跟随的客户数量紧密相关。这就要求一个合格的美容顾问要有全局的眼光和心胸，学习在服务流程中担当管理者的角色。

美容顾问先要学会自我管理。你把自己管理得越好，你的目标越清楚，你才能够管理美容师，接着管理你的客户，而管理意味着什么？管理意味着能够清楚地对目标和结果负责。管理首先要清楚目标对象。

那么，你对对象的了解到什么程度呢？要"清晰"了解。"清晰"

是什么呢？"清晰"的唯一含义是可以量化。美容顾问要了解：我有多少个美容师？哪个美容师去黑头技术最好？哪个美容师穴位按摩最好？哪个美容师语言沟通最好？哪个美容师做身体的手法最好？哪个美容师使用仪器效果最好？你要知道谁能做什么，为你的客户做什么，你都要清楚：我有多少个客户？她们的要求有哪些区别？她们的消费能力有哪些不同？她们关注的项目和产品有差别吗？没有明确的分析，就不知道把产品卖给什么人才合适，只能胡乱推荐。美容顾问要清楚，从上岗到现在已服务多少个客户，如果既没有数量又没有名单，那么能管理客户吗？人不能管理空气，人只能管理自己能把握的东西。所以你要把握你的客户，对吗？管理员工、管理客户、管理自己。而自己的量化指标更清楚了，这个月增加 200 元，再下个月我能不能再增加 200 元，这就要看你的能力，对吗？所以管理自我也要量化，没量化就没有管理。

笔者与来自全国各地的学员在一起

三、自觉的销售尖兵和支持者

美容顾问是一个支持者，那支持谁的工作呢？首先是老板！当然了，一个美容顾问如果不懂得支持老板，那就等于砸自己的饭碗。我们首先要支持老板经营这家美容院，因为他提供了我们谋生的平台。我们还要支持什么呀？还要支持美容师，包括保洁员，你都要支持她们的工作。因为正是她们的完整的工作给我们提供了销售的前提。没有这些投资和服务，就没有销售，包括保洁员都在我们的支持范围之内。我们曾经遇到一个案例：顾问很好，美容师也很好，但是客户在沐浴室发现保洁员不好，水太冷或太热不告诉，浴巾还不是新的。最后客户跟保洁员吵起来。吵起来后，美容顾问的业绩能保住吗？客户还会来吗？美容师的手法再好有用吗？如果客户哪儿都满意但你的保洁做得不好，客户坐到床上发现有一根头发，她还会不会躺？当然不会，她会觉得这里管理太差，不足以让她留在这里。更别提她看到美容师和顾问之间有问题，她跑得就更快，因为她不相信你的服务品质是有保障的，不相信你的美容院管理是优秀的，她怎么能留在这儿花钱呢？特别是一开卡，她就会评估说很有风险，就凭你的人和人之间这种关系，我开了卡哪天没了钱怎么办，她会第一个评估这个。

那我们能用什么支持呢？当然是用行动，不要觉得自己做美容顾问素质高、水平高，就高人一等，因为当别人觉得你高的时候，你给别人帮助，别人就会更尊重你。你的修养决定了别人尊敬你的程度。如果别人越觉得你高，她就觉得有压力，越有压力她就越反抗，她要把你"打下"她才平衡，那我们为什么不每时每刻表现出修养呢？

这就要求我们把自己换成另一角色，我们是整个美容院经营环节的一部分，是其中的服务者。我只不过是用我的岗位和技能为所有的客人提供专业的前台服务。这个服务让我们和美容师、保洁员的关系达到一致性，因为缺一不可。我们是服务者，没有谁高谁低。另外，我们是各自工作的支持者，我们要支持综合技术和素质也许不如我们的美容师，一个坐在前台的美容顾问就是美容院的门面，综合素质或交流技巧也许高于其他的同伴，在高于其他同伴的基础上，做人要谦和才能做长久，这样我们就能支持到美容师能做得更好。

我曾经在一家美容会所做培训，一个美容师对美容顾问颇有微词，觉得她特别傲慢。美容师心情大受影响，觉得压抑，要辞职。其实美容顾问也没有坏心，就是说话方式不好，她对美容师说："过来，把这个杯子拿走。"美容师立刻回答说："谁放的谁拿。"

那个美容顾问很想不通，我只不过让她拿走杯子，我怎么了啊，这也正常啊。后来美容师说什么呢？不是说不想拿，就是看她那样子受不了，凭什么对我指手画脚啊？我的同事在旁边呢，谁爱拿谁拿。这个美容师为了自己的面子，在其他同事面前用拒绝证明了自己的态度，最后她坚决不拿走那个杯子。有些美容师学历、经验也许不如美容顾问，技术可比美容顾问要高；人家美容师要的是尊重，你必须尊重她。你素质比她越高，你就应该越善于尊重，她也会越服气。否则她就会用质朴的行动来告诉你说，别那么太得意，我可以用不听你的来证明我比你强。这另一方面也显现出我们的素质有待提高。

所以越谦和，你的同伴关系建立得越好。做一个支持者，支持是需要技巧的。否则，支持就会变成人情。作为一个帮忙者，如何帮忙也会成为一个美容顾问是否专业的指标。否则，就会"耕了别人的田，荒了自己的地"。你天天帮别人做事，而你的岗位要求做的事一件没做。老板问你的时候，你还特别委屈，我都累死了，天天都在帮忙。而自己的客户呢，没时间打电话，没时间跟进。做的事都没跟自己的专业挂钩，都是被别人指挥，然后忙得团团转。所以角色也需要管理。

四、明确目标的执行者

专业的心态决定美容顾问的职业化行为。在这个行业我们强调专业，这个专业一定要靠热爱和积极的心态来确立。我是热爱这个行业的，也愿意投身这个行业，因为热爱才不累。你是不是热爱这个职业呢？

> 成功者看问题后面的机会，失败者看机会后面的问题。
> ——励志格言

心态决定行为，行动决定习惯，习惯决定品格，品格决定命运。

跟大家分享一个我自己的故事，对我人生影响非常大，以前没那么深的感受，因为我是个特别乐观的人，坏事在我身上不起作用。有一次，我从北京转道去四川讲课。成都我特别熟悉，所以我对助理说我一个人去好了。下了飞机，邀请我去讲课的单位有一个小姐拿着鲜花接我，然后我们到了一个酒店的茶楼喝茶。因为在飞机上感冒了，所以我对那个小姐说："小姐，我不太舒服，麻烦你送我去房间休息吧，已经晚上11点多了。"

她说："对不起，朱老师，我们刚开始没敢告诉您在哪儿上课，怕您不来，但我们又需要您上课。"

"嗯？那在哪里上课啊？"

她说："在巴中。"一副很不好意思的样子。

"巴中在什么地方啊？"

"巴中是另外的一个市。10分钟后我送您去火车站，然后您坐4个小时的火车到广元。到了广元，巴中移动的司机在那儿接您，然后再有4个小时就到巴中了。"

我的心像冰块一样，凉了。又发烧，还拖着行李和电脑。而且，我几乎10年没坐过火车了，还不认路。第一个反应就是要把我的助理骂一顿。日程怎么安排的？没问清楚就把我安排到这里了。但当着客户的面也不能发脾气，而且时间太晚了也不合适。舒一口气，一个人去火车站。在长长的隧道中，突然顿悟：我已经不可能改变现实，打电话骂任何人也改变不了目前的结果。

算了，那就把这一次出差当作旅游吧。我转变观念，并开始想，巴中是个什么地方？有什么名胜可以游玩？带着这个想法，上了火车包厢。刚放下行李，就上来一位先生，很帅。我问他是哪里人？他介绍是巴中人。我大喜，立刻问他巴中可有什么古迹或景点？结果，从当地的历史到文化，整整介绍了三个半小时，听得我目瞪口呆。我说，您是大学的老师吧？他说不是。我说，您的口才非常好啊！车到站的时候交换名片，他的名片上印的是一位市级领导。我感叹说："从未见过像您这样博学的领导。"

这个故事告诉我们，任何时候别人或事情都左右不了我们。观念会左右我们的行为，没有人能影响你，也影响不了你，我们自己决定我们心情好坏。对客户是否好？对别人是否好？事物的本身并不影响人，人们只接受对事物看法的影响。

作为一个美容顾问，特别要保持好心态。否则，这个行业所有负面的东西都会影响我们，会使我们听之任之，随波逐流，使我们的工作没有意义。

最机智的人是把工作变成兴趣，变成兴趣就能享受人生的乐趣。

为钱做事，容易迷失自己，容易感到累，感到没有乐趣，有时会唉声叹气，不明白方向和意义是什么？如果关注结果，会少一些迷茫，多一些充实，那是实现理想的必经之路。用经历去积累经验，为实现理想积累资本，关键是从经历中学到经验了吗？为理想做事可以耐风寒和寂寞，别人觉得苦，我们认为是乐，别人不能忍受，我们享受它。为兴趣做事则永不倦怠，所以最机智的人是把工作变成兴趣，一旦变成兴趣就是享受人生的乐趣，而不是躲避它。

五、我们要做自己命运的主人

这个世界上由两类人组成，意志坚强的人和意志薄弱的人。意志坚强的人能够左右自己的命运，意志薄弱的人被命运左右。我们要做哪一类人呢？是做迷迷糊糊、随波逐流、被命运左右的人呢？还是做清

> 目标的坚定是性格中最必要的力量源泉之一，也是成功的利器之一。没有它，天才也会在矛盾无定的迷径中徒劳无功。
> ——销售格言

清楚楚、刻苦学习、左右命运的人呢？意志坚强的人能决定自己的命运，意志薄弱的人被别人、被命运左右。如果每天都不知道自己的明天是什么，也不知道自己的下一步是什么，那你就被命运所迫。我们要坚决自己左右命运，不要把生活寄托在别人的恩赐上，也不能寄托在未来结婚的丈夫身上。因为你对他寄生得越久，你的生命越萎缩。所以，除非我们把婚姻当成事业一样经营，你的一生就是想让他感到舒服，无微不至为他服务，让他满意，最重要的是能让他心甘情愿把收入给你支配，经营好家庭，养育好孩子，这也是女人可以做的事业。

当你有足够的领导能力让先生赚钱给你用、买房子给你住、买车给

你开、有好东西先给你吃，然后他在这"哇哇哇"，回来你就"哈哈哈"，这就是擅长经营家庭，经营家庭意味着你对家庭负责任，你能让你的丈夫爱你，对吗？当然用什么样的方式，不是命令他，而是让他以你和孩子的幸福为最大幸福，然后他很高兴地说"我老婆"，这就行了！我认为一个人这样经营家庭也需要显著的才能。但一般女性，既不能把家庭经营好，也不能让自己的生活开心。有了一点钱，自己还不会用，这就需要学习尊重自己。所以我有两个观点：第一，做命运的主人，让自己决定自己的命运；第二，选择适合自己的角色，而不是人人都追求的角色。这两个都可以选择，所以倒不一定说，成功就是做老板，做个左右自己命运的好妻子也是成功的事业，它会证明一个女人为实现目标所拥有的能力。

六、成功来源于准确地瞄准目标，并每天都稳健地向这个目标迈进

我们知道，所有的选择都要现实，要可达到，这是我们的目标实现的前提。如何做到这一点呢？我们要知道要赚谁的钱，成功来源于准确地瞄准目标，并每天都稳健地向这个目标迈进。大部分这个行业的人都不知

> 我们一生中，必须立下志愿，必须有奋斗的目标。否则浑浑噩噩地过日子，那岂不是白活一生了吗？
> ——松下幸之助

道自己的目标，而且通过自以为有经验的经营和打折，正在离目标越来越远。因为美容是有钱人的爱好，一个月挣 300 元的下岗女工是不会进美容院的。而我们整天打折，做的是诱惑穷人的勾当。离穷人越来越近，离有钱人当然越来越远。

有钱人要的是什么呢？大家都穿一身西装，街头上许多人的西装可

能只是 200 元，他说他这身 2 万元。同样是西装，有钱人买的是感觉、是品位、是与众不同，或是流行，总之不是低价。而打折的时候我们卖的是什么呢？是贬值的感觉，越打折就越贬值，如果长年打折，就不叫品牌，叫排档。

我们帮有钱的人花钱，为她提供超值的享受，也为她省钱，那是在她成为我们的客户之后。

大家知道我们去买衣服，那家天天打折，马上要搬迁的店你去不？那是没钱人的买卖。但是反过来我们的经营，是不是正在犯这样的错误呢？天天打折的目标只是想把钱立刻赚来，却未必能赚到。因为目标排列错误，目标要定位为人，然后是钱，事情就好办一些。

笔者现场指导学员

从这个意义上说，美容行业的客户目标非常集中，那我们为什么不成功呢？因为我们对这个目标不清楚，我们每天在想着帮客户省钱，省钱是穷人的事，花钱是富人的爱好，有钱人就是为了花钱的。不要经常犯打折的错误，要找好自己的定位和客户。要先明白自己的职业人生方向是为有钱人服务的，我们是帮有钱人花钱的专业顾问。

可我们大部分人都不明白这个道理，我们的销售措施是：客户一进来我们就开始帮她省钱或者让她不花钱。不花钱只能说明两点：第一，你不知道自己在做什么，目标不明确；第二，你不相信自己的专业水准能够为她服务，所以希望她自己花她的时间试验一下我们提供的产品或服务是否对她有用。我们不专业！客户在形式上合乎以下要求：有钱、有时间、有闲，或者有问题。这是基本的客户。细分下来，还要看是奢侈豪华型？（讲究的是外国进口，越贵越好。）高价流行型？（啥流行做啥，不问价格。）积少成多型？（不要谈大卡，小卡可以开很多。）经济省钱型？（任你如何推荐，我只做普通护理。）搞清楚客户类型，才可以因人而异推荐，成功率就高很多了。

现在举个例子，你到医院了，医生说，不用花钱，我免费给你试做手术。哪个病人敢做？当然不做，天啦！她会觉得你拿她的脑袋当实验品啊。然后，另外一个医生说，这个手术 12 万元。一大堆病人都在等着呢，能开这个价的一定是技艺精湛的专家，我的命交给她是错不了的。

七、我们的目的是留住客户并长久地服务她

当我们是一个职业美容顾问或美容院院长时，我们的目的是留住客户并长久地服务她。这个客户我们定义为：有钱人，要给她感觉，让她花钱感到物有所值，或者让她感到非常有效。所以我们要问问自己：在说服客户、征服客户的方法上，我们采取的是最好的吗？如果我们能够做到最好，就会得到客户的认可，也就会获得自己的专业成就。那么，什么是一个美容顾问的成就呢？成就就是别人对你的认可程度。我们做完事

> 伟人之所以伟大，是因为他与别人共处逆境时，别人失去了信心，他却下决心实现自己的目标。
>
> ——励志格言

情，所有人都竖大拇指，这就是成就。我们做事谁也不知道，自己感觉很好，这就不是成就，这是自得其乐。成就就是对他人有贡献。贡献的面越大，成就感越强。在我们的工作中，我们了解顾客的心理吗？我们了解我们为什么工作吗？是什么让我们拥有一份能成就自己的事业呢？

每一个大人物都是在最普通的环境下，成长为最伟大的人的。

如果你的服务和解决问题的方案越专业，客户花钱越容易；你越说不清楚，她越不花钱，因为她不明白，自己为什么要把钱交给你？你能为她带来什么？

你能令客户喜欢吗？你是在用全部热情工作吗？你是不是变得一天比一天更专业，更有经验。而不是今天和昨天一个样？经常问自己这样的问题，对我们的成长很有好处。

人生在于你对行动的结果有没有决定，并且全力去做！不要给自己找借口，每一个大人物都是在最普通的环境下，成长为最伟大的人的。

林肯在做总统之前，只不过是乡村杂货店的伙计。在美国最偏远的农村做杂货店的伙计，且身有残疾，他能成长为总统，是因为他有坚忍不拔的毅力和成功所需要获得别人信任的能力。

那普京为什么能当俄罗斯总统呢？他在上中学的时候，就立誓：我要当克格勃。所有人说，克格勃？那不是国家间谍吗？你还想当间谍？他不管，他做的第一件事情就是跑到克格勃大楼转了一圈，遇到一位年长的人，问他说："小伙子，你干什么啊？"他说："我长大想到这里来工作。"这人对他刮目相看，说："请到我办公室聊一下。"那个人慈祥地问他，"你知道要到这里工作需要什么吗？"他说："不知道，你能不能指点我？"那个人说："你需要进入外交学院。"他说，明白了。接着坐了电车直奔外交学院，找到办公室的人员说，考到这所学院，需要学什么？人家给他开了一个长长的单子，他拿着单子回学校了。在整个高中时代就一直按着考外交学院所有课程学习，最后如愿以偿，进入外交学院。毕业后，成为克格勃的一员，然后当了总统。但是这其中什么起作用了呢？任何人都没起作用，就是他自己的意志和行动起了作用。

所以大家不要说我不能做，只要你做，你也许不知道你的明天是怎么样的，那是通过促进与每一个正确的和目标相关联的行动来自然获得你希望的结果；你不做，你肯定知道是怎样的，就跟现在一样，因为自我限定了自己不能达到目标，所以封闭了所有可能。只要按明确的目标去做，我们的未来就是无限的。经常要问自己一个问题：为什么别人会和我不一样？因为她的目标明确，她在实现目标时行动和计划做得比我们好。

八、美容顾问的职业目标

可量化的第一个指标是：我有多少个客户？

美容顾问要给自己的生命一个职业目标，而且这个职业目标是可量化的。生活的计划和

> 任何业绩的质变都来自于量变的积累。
> ——销售格言

生命的目标包含着几个可以检测的点：你喜欢你的工作，所以它让你兴奋。就像我做顾问一样，一旦我发现问题就兴奋，而且睡不着觉。我发现我们所有专家都是这样的，我们每天很晚才睡觉，每个人把客户的问题翻来覆去分析，分析后就开始讨论。很多年轻人不理解，为什么你们不疲劳？因为热爱，所以不累！

生活的质量在于你能够量化它，量的积累带来质的变化。如果我们的工作要量化，它一定表现为：我一天做了几个客户？我一天接待 10

个客户，打了 10 个电话，10 个客户中有几个对我满意？10 个电话有回音的有几个？明天接着再打的有几个？我手里有哪些客户正在流失？哪些客户将成为我终生的朋友？

在 600 个客户当中最信任我的客户是否有 120 个。根据 80/20 法则，我要拥有贡献最大、最重要的客户只需 20%，我曾经问一家美容院的大客户经理，你们一个人负责多少客户？6000！那流失率怎么样啊？非常高，能够保证接受你服务的客户有多少啊？600，1/10。经常跟你联系的客户有多少啊？100 多个！完全符合 80/20 法则。

对我们美容顾问来说，可量化的第一个指标是：我有多少客户，我知道她的名字，也知道她的电话和喜好；哪些客户超过 3 个月没来做美容了，这就意味着她可能流失到其他美容院去了；超过半年以上没来的客户是多少？每月都来的也要再分析一次。接着问自己难点问题，一年以上没来的，有多少，然后定一个目标，用什么样的方法，对以上不同的客户采取什么样的顾问工作方法，让愿意来的增加购买额，让她尝试新项目，增加现金投入；3 个月没来的，能不能加大频率，让她来得多一些；半年以上没来的，用什么样的方法让她重新对我们感兴趣；一年以上没来的，用什么办法让她重新回到我们身边。其实工作和生活有太多的事情要做，我相信大家整理完自己的客户分类标准之后，会发现你不用睡觉了。

曾经有个学员为了把自己的客户整理清楚，已经累掉了 4 斤肉。为什么？以前没想过，谁来我接待谁，人来了多少我没数。现在才发现我有 1000 多个客户，但是谁也不认识。那我们就是守着宝山要饭吃。守着这么多的客户却从来没有对她们施加任何的影响。你的影响力是 0，甚至是负数，这样能成功吗？成功就是要对越来越多的人施加正面的影响力，所以我们的美容顾问要给自己定一个量化的指标，针对不同的客户，采取什么样的方法，是一定可以达到的。

比如，我们要亲自走到每个月都来的客户身边问候她，把她送到美容师手上，以表示我对她格外的亲近和热情，可以达到吗？那么对于3个月没来的客户，我要一个月给她打一次电话，告诉她我有什么新的赠送或项目请她来做，告诉她我推广的每一个新项目，让她知道我很关心她。对于半年没来的，我要列出一个单子，我要给每个客户发一条短信，或者给每个客户手写一封信，告诉她我是谁，我很想念和她相处的日子。告诉她现在我进了一个什么样的新仪器，希望她来找我，我能为她服务。你试图建立的任何和客户的联系，变得越个性化越人性化，就越会得到回应。

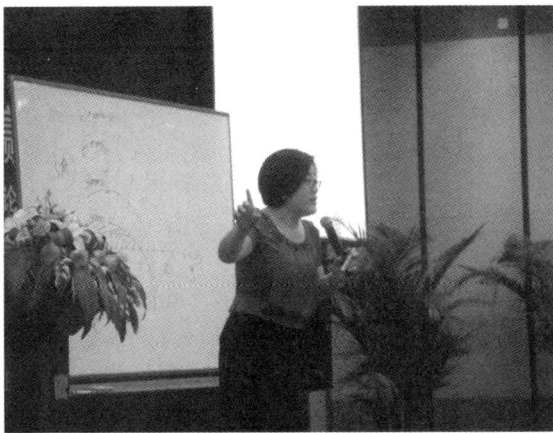

量的积累必定能带来质的飞跃——笔者

抓住手边的机会去积累经验，未来的成功会在你不知不觉中降临。

曾经有个美国小伙子，他非常厉害，他求见钢铁大王洛克菲勒时说：你给我 1000 亿美元，我就能帮你创造一个完全不同的钢铁世界。洛克菲勒笑着说，小伙子，1000 亿美元是什么概念，你从未想过。如果你拥有了它，这个世界也许会变成由魔鬼掌握。这个小伙子一听，特别不理解。因为他有理想，只要有钱，他认为就能达成。洛克菲勒告诉他，回去再想想。他想了一年，又来找洛克菲勒了，发表了一个演说，假如给我 100 万美元，我要建一个商业管理学院。然后后台站起来一位白发老人，他就是洛克菲勒。他说："小伙子，我现在就把 100 万美元的支票签给你，因为我认为你这个理想是现实的。"

为什么他要 1000 亿美元，别人要笑他，而他要 100 万美元，别人却给了他呢？这肯定不是一个数量的问题，因为任何人生目标都要脚踏实地，离开现实，什么都不懂，也没有人际关系，没有资源，你说想要成功，如果不能从头做起，找到一个切入点去行动，就是梦想和空想。但是如果你抓住了手边的机会去积累经验，未来的成功会在你不知不觉中降临。

作为一个美容顾问，我对所有的同事说，我一天要给 10 个客户打电话，争取每天有 2 个客户上门，这就是我给自己定的任务，所有人都监督我，我们互相监督，结果大家的工作热情非常好，每个人都互相说，打够 10 个电话了吗？有 2 个来了吗？如果没来的，能不能打 20 个电话？为自己创造一个督促的环境，也是非常可行的方法。

学习为自己制定可以量化、可以评估、可以检查的目标，经常问自己是否偏离了方向。

设定一个目标。做一个好的经理人，做一个好的专业的美容顾问，做一个顾客的好朋友，或专家，你都可以定位。

那么我为实现目标，怎样做计划？通常我们会把日常目标作为基础，以日开始到每周、每月。最后我要看 1~3 年，我的目标有什么样的变化，3~5 年我要完成哪些事情，10 年左右我要成为一个什么样的人。最后人生的总体目标和终极目标就形成了。生命就是这样在目标当中完成每一天。

人生要给自己设定一个目标，但是每一天你都知道自己的终极目标在哪里吗？不一定。我在 35 岁以前，不知道今天能够自己做老板，也不知道自己能如此开心地做自己喜欢的事情。我只是每天专注地把手里的事情做好，做别人不愿意做的事，最终才可能做自己愿意做的事。每一天反思自己是否浪费了时间，从而在每一次经历中磨炼自己的能力。所以年轻的时候，日常目标看起来琐碎，但是琐碎的生活才能磨炼一个人的意志，也才给予一个人真实的经验。在这样的经验当中，我们的人生会发生蜕变，从量变到质变。从改善每一天开始改善我们的整个人生。

我有一个学员，他说他的目标就是做一个好父亲。他做这个练习的时候，迅速写下"做一个好父亲"。每天接送孩子，10 年风雨无阻。为了给孩子选最好的大学，还带孩子一起坐飞机去看那所学校。孩子高三时，成绩变得很差，得上一个补习班，结果补习班传来消息说，人员爆满，不再接收任何学生了。他问我："朱老师，怎么办？"我说，如果世界上有什么困难的事情，那是我们心用得还不够，假如这个是你的目标，你一定可以达成。他说，对！他立刻在我们上课的时候，打电话给他的妻子，让他的妻子现在就去老师家里，离开课还有 3 天，你现在去老师家里，不谈钱，就当每天到他的家里去上班。结果他的妻子真这么做了，3 天之后，我们正在吃饭呢，他的妻子电话报喜了，说老师说了，从没见过这么诚心的父母，坚决给我们孩子加一个凳子，不多收一分钱。所以有时候，人生是一种执著，但没有目标的时候是瞎执著、牛脾气，有目标的时候才是真正的执著。

九、美容顾问的三个观念和三个技巧

当你是客户的朋友时，你就可以卖出任何可能。

我经常说，我们要把工作当成人生的享

> 如果要挖井，就
> 要挖到水出为止。
> ——销售格言

受。我们只靠习惯销售是不行的，因为结果不理想，我们无法体会胜利的快感。如果我们把推销过程分解成几个步骤，学习技巧，掌握方法，那么我们必须知道每一步要达成的目的是什么。否则，我们就无法学习。所以，我们首先要转变三个观念。

第一个观念：停止扮演推销员的角色。

停止扮演推销员的角色，除非我们展示的是我们个人的魅力，否则我们无法应对任何问题。客户的钱包她说了算，她的脑跟着她的心走，而不是跟我们的大脑走。

第二个观念：从说服客户变为理解客户。

从说服客户变成理解客户。如果你拼命想说服你的客户买下你认为非常有价值的东西，就等于不明白客户要什么。我们甚至从来没听到客户说什么就开始介绍，等介绍完了，客户说再见，然后走了。我们还很郁闷，说，不花钱为什么进来？然后几个小姐妹还互相给个眼色说，讨厌，一看就知道是没钱的，没钱她来干什么呢？然后大家面面相觑，还想不通。

有哪个女人没有意向，不想做美容，却逛街逛到了美容院？有没有？没有！那她为什么没花钱呢？因为我们没让她满意，我们不够专业。所以她坚决不把钱留在我们这里。

第三个观念：好的美容顾问要成为发现客户潜在问题的专家。

我曾经在新疆给一个客户做开业前的系统培训时去考察她的一家竞争对手，那是一家很有名的美容连锁店，装修高档。一个小姐看见我进去了，就给旁边的人一个眼色，意思是不一定是真正的客户，小心！走过太多美容院，对小姑娘这一套看得太多，然后我说："不用疑惑了，我既不是开美容院的，也不是你的竞争对手。只是因为到新疆出差，想来这里做一下眼部护理。"很多前台美容顾问善于评估和揣度客户身份，这会让客户非常不舒服。况且，我们开店就希望有人光顾，为什么又要挑客人呢？

我说："为什么不让我坐下呢？"

她说："哦，来请坐。"接着说："小姐请看，我们这边这个产品是这个月正在推销的，如果你买 1898 元，你就可以享受一个季度的产品套餐。"

我说："我是出差到这，我很想做一下眼部护理。因为我的眼睛特别干，做一个眼部护理多少钱啊？"

结果她说："我们这个卡极端优惠，你现在开卡正是时候。"

我说："可是我的眼睛特别干，能不能介绍一个护理眼睛的产品呢？"

她说："不，你要买这个产品的话，护理眼睛也可以在其中。"

我说："不是，我是一个旅游者，我只在这里稍作停留。"

她说："你买了这个卡以后，到全国我们任何一家连锁店都可以用。"

我说："我到全国任何地方，都不一定去你们店。"

到最后实在是忍无可忍了，我说："小姐，你太不专业了，我已重复 5 次：我眼睛干，我就要护理眼睛，你有没有护理眼睛的产品？"

她说："我们有精油。"

我说："精油万一过敏怎么办？你能不能介绍不过敏的产品。"看她为难的样子，我说："小姐，你给我准备产品，我可以明天打电话跟你预约。但我要告诉你，我只需要做眼部护理，我不需要这张卡。"

第二天，我开始给她打电话，我说："请问，刘小姐在吗？"

结果那边说："你是谁？"

我说："我是她的客户，为什么你要问我是谁呢？"

她说："对不起，我问你是谁，是因为我们公司规定不允许上班接私人电话。"

我说："我是她的客户。"

她说："那请问你找她干什么？"

我说："能不能麻烦刘小姐接电话啊？"

她说："她不在，能不能告诉我你找她做什么？"

我说："我跟她预约一下我想做眼部护理。"

她说："那对不起，能不能跟你约在明天。"

我说："不能，我就想今天做。"

她说："那不行，她不在。"

我说："你能不能帮我代为预约今天晚上做眼部护理啊？"

她说："不行，我们公司今天搞活动。"我就把电话挂了。

这个经历告诉我三个问题：第一，这个美容顾问只想推销，不懂客户要什么。即使我告诉了她我想要什么，她也听不见，她一心只想推销一个大项目。第二，美容院不是客户导向，搞活动就可以让客户不来做护理。第三，也许有内部争客的事情发生。当然也不排除她们认为我不是一般客户，就是不做你的生意的情况，这就更是经营导向的错误了。

那美容顾问在接待顾客时该用怎样的技巧呢？

第一个技巧：开始时正确发问是最重要的。

我们想想，我们自己是不是也经常犯上面的错误？客户在那时特无奈，你装修越豪华，她越无助。然后她小心翼翼说出一个需要，可是你又听不见。好的美容顾问一定要成为发现客户潜在问题的专家，你连客户表面的问题都听不见，潜在问题你能听见吗？不能！所以我们要仔细听出我们的客户要什么，然后再认真找出一个产品，问能否满足她，这是必须要考虑的。我们要帮助客户意识到她存在的问题和严重性。

我们再来看刚才的例子，如果换一个场景，我一进去小姐就说："您好，小姐，欢迎光临，请这边坐。"

我就会很开心，宾至如归嘛！

"小姐，你想做面部护理还是身体护理呢？"（这叫二择一发问，避免客户拒绝。）

我说："我的眼部特别干。"

她说："哦，确实，如果眼部这么薄的皮肤长期缺水，就会形成干纹，那对您的美貌将有非常严重的影响。"（这叫重复客户的问题，表明你听到了她的要求。）

我一听，吓坏了，说："确实是这样，怎么办才好呢？"

"必须补水。"

"请问用什么产品来补水呢？"

第二个技巧：二择一推荐项目提供客户选择空间或解决方案。

她说："我们有一支特效精油产品，对眼部补水和舒缓紧张有奇效。还有一种 BIO 仪器补水特护也能解决您的眼部问题。"（这叫二择一推荐项目提供客户选择空间。）然后她拿来给我闻闻。假如我的鼻子特别灵敏，一闻我就陶醉了；假如我鼻子不灵敏，但是她敲一敲，我听到声音就身不由己地想试了。如果什么都没有，拿来给我摸一摸，我觉得非常高档，就可以买单了。所以用提问问出客户需要的，并且通过重复客户的需要和问题强化它，客户掏钱的速度才最快。你要能够发现客户的问题，并且能够用专业的语言描述它，然后推荐一个最佳的二择一为特征的解决方案，这才是最专业的表现。

你想说服客户，你不知道说服她哪一点的时候，这种说服是不是白费力气？

第三个技巧：给出选择永远比推销重要。

要记住：客户一来，第一个问题是要知道她叫什么。第一个问题你要不知道，你就是不明对象的乱推销。在被对方理解并认同的情况下，心里有客户，才有可能从说服客户变为理解客户，理解客户就是我们要站在客户的立场了解她需要什么，我们要成为发现客户潜在问题的专家。凭什么能发现客户问题呢？当你看客户的时候能发现问题吗？能！我们看她一眼就能发现她有什么问题？先是表面问题，她表面的问题一眼就能看到，一个满脸是暗疮的人，当然好理解，她顶着问题就来了。在这一坐，你就应该毫不犹豫地问："小姐，这个暗疮多长时间了？"得到回答后，还要能够告诉客户："如果处理得当的话，我可以在一周内让你减轻炎症。'你知道暗疮是怎样产生的吗？'（关键是对客户的问题表示专业的兴趣，通过提问确立专业的角度。）第一，内部的调理没做好；第二，外部的护理没做好，（用逻辑性的二择一方案展示你对解决问题的可能选择。）然后我来给你推荐一个治疗方案。"

当你问她问题以后，你要帮助她意识到问题的严重性。她存在什么问题，你要帮她找出来，这就叫美容顾问的职责。

如果一个人如花似玉地来了，还化着妆，很美，很精致，你还看不出她的年纪，那这又该怎么办？没啥问题呀！她就要做护理啊，但是她最看重什么产品？最希望什么效果？最想什么价位呢？最需要什么样的仪器呢？你对这些都一无所知的话，你跟她介绍产品成功率就会很低。这个时候最重要的是发现潜在问题。她既然要做美容，她一定是有想法的，这个潜在需要就是我们要抓住的。通过什么抓住呢？发问！不问是永远发现不了需要的，所以我们要练习"问"。美容顾问要懂得教育客户：女性要及时护理，提前护理，要把皱纹出现的时间延迟，你的青春才能留住，否则等皱纹已经出现，用再贵的产品消除都很慢的。当假性皱纹变成真性皱纹的时候，那就回天乏力了，您如果看重容貌，就要及早使用最好的产品，保证能延迟 10 年衰老。至少你看上去比同年龄人年轻 10 岁是可以做到的，对不对？所以严重性是什么？是客户不懂得科学保养，美容顾问又不懂得告诉客户如何保养。顾问一推荐产品，客户通常都说，你看我没有皱纹啊？是啊，等有皱纹不就晚了吗？等客户发现原来皱纹是每一个晚上就可以出现的，女人一旦过了 40 岁，一个通宵不睡觉，第二天，脸就绿了，眼底的皱纹就特别明显，这太可怕了，所以大家可以告诉我们的客户，当你过 40 岁还想靠天生丽质就不行了，皮肤你做不了主，你必须要护理，这就是我们帮助客户意识到问题的严重性和及早做护理的必要性。从以产品为核心转变为以客户为核心才是根本出发点。

要明白推荐与选择的差异。

我们大部分美容顾问在销售的时候都是以产品为核心，向客户推荐、推荐、推荐，为什么怎么推荐也推荐不出去呢？因为这个产品是你要推销给她的，而不一定是她要的。选择是我们针对客户的问题给出了多种可能，客户不会拒绝选择。

选择意味着转变为以客户需要为核心，我们具备真正从客户感受出发的交流能力吗？我们能听到客户的内心感受吗？我们的重点放在什么上？是今天的任务指标还是客户是否有钱的推测？客户的问题还是客户的需求？如果一见到客户你就表现出持之以恒的热情，然后问她有什么问题能帮到她，在态度、肢体语言、眼神，都表现出你很想知道你能为她做什么，你很想知道她哪里有问题。全心全意的热爱能够融化任何防卫的盔甲。不要用钱的欲望吓跑客户，要用真正的爱服务客户。这样才能让客户认可你的专业，认可你可以信任，你是真正在为她的美丽献计献策，她才能安心地花钱。瞄准客户的需求，才能对症下药。

怎样做到从以产品为核心转变到以客户为核心？

不要张嘴就谈产品，更不要张嘴就谈打折。打折的产品不一定就是客户需要的，不同的客户有不同的需求。

以客户为核心有什么好处呢？你不问客户就不知道她想要什么，怎么卖呢？以产品为核心，就是来人是谁你都说一样的话。一个专业的美容顾问以客户问题为核心，来了就问针对性的问题。找准了她需要什么后才开始介绍。专业美容顾问的技能就是会发问，你问得越准，就卖得越好，你越不问，就越没法卖出去。问完了，能不能卖出去，取决于你能不能给客户提供一个解决方案。

比如，客户说："我要减肥。"

美容顾问说："以前减过吧？"（"请问您想减哪个部位呢？"）

客户说："做过，但减完了又长上去了，而且比以前更肥。"（我想减大腿。）

"那请问你用什么做的减肥呢？"（我们有两种项目可以使局部脂肪减下来……）

"仪器、穴位、精油都用过了，但都不见效。"

看有括号部分和没括号部分的对比，你就知道谁是通过问话控制销售过程的专业美容顾问。

如果真的客户说什么都不见效，这时该怎么进行下去呢？那就应该问：

"您考虑过为什么用这么多的产品和仪器都不见效吗？"

客户说："她们都给我理由啦，有的说我不坚持，有的说我吃得太多，有的说我的脂肪天生就减不下去。"

"我来安排一下脂肪测试好吗？看看您的脂肪类型再决定采取什么样的减肥方案。"

问话的错误会使你没有办法与客户继续进行交谈。以上问答则保证了交流过程中方向的正确性。正确的问话是销售的基本功。

我们可以先做一个练习，请我们的美容顾问变换身份。假如我是顾客，我想去美容院做美容、做护理，我对这家美容院有什么要求？她提供什么我才买单？第一，这家美容院是有名气的，合法的；第二，其产品是安全的，合法的；第三，能找到为什么使用这个产品的理由。所以说美容院服务的硬件、软件都具备后，就要看服务的水准和态度。态度决定你客户的行为。所以我们要在同行中抓住客户，就要抓住我们的服务，但首先我们要知道好服务的标准，并且心态要调整好，让客户一进门就能看见灿烂的笑容，这样才能让客户有好的心情并能买单。

我们要了解我们的客户，看的是你准确发问的能力；

我们要让客户信任，还要用最准确的语言说清楚产品功能和仪器功效；

我们要让客户买单，就要拥有专业的说服技巧和报价技巧。

第十章 美容顾问的销售七步

1. 通过发问，了解需求

2. 重复问题，吸引客户

3. 两种推荐，避免拒绝

4. 关注原因，建立信任

5. 给出方案，解决问题

6. 再次确认，克服异议

7. 技巧报价，专业促成销售

根据美容顾问的销售实践，我们可以把前台的销售过程分为七个步骤：

第一步　通过发问，了解需求。

美容顾问至少要问三个以上的专业问题。具体要求：专业、准备充分、礼貌与形象兼具。了解客户，吸引客户注意。

（1）"您好，欢迎光临。请问您贵姓？"然后自我介绍。

（2）"请问您是做面部护理还是身体护理？""请问您是美容还是美发？""请问，您是剪发还是染烫？"

第二步　重复问题，吸引客户。

（3）"做身体护理啊。您要做身体的哪个部位呢？"

重要的是忘掉自己推销的目的，全神贯注于客户的答案，然后重复重要的单词和内容，表明你听到了客户的需要。

第三步 两种推荐，避免拒绝。

（4）"您想瘦大腿，还有大臂，是吗？"（再次重复客户问题获得肯定，以保持交流的节奏。）

（5）"我们有精油瘦身疗程，可以完美塑形，通过精油的渗透作用排除体内的多余水分和废物，使身体加速代谢，通常一到三个疗程就可以减少 2~5 厘米。还有一款 M6 仪器塑形疗程。通过微电流在脂肪上的运行，帮助我们快速实现代谢，通常做 20 分钟仪器相当于跑 10 公里消耗的热量。我拿给您看一下这两种项目的介绍，好吗？"（迄今为止，我们还没有谈到价格及打折。正确的问话会帮助我们掌握销售的方向从而避免客户说"不"。）此处的关键是体现两种项目的操作及价格和形式构成差异，增加客户的选择空间。

第四步 关注原因，建立信任。

（6）"您知道大腿和胳膊为什么会显得臃肿吗？"

客户不会知道，或者大部分客户会说：不清楚。这时你可以开始专业部分的讲解，令客户信服你的见解和推荐可以解决她的问题。

讲解完后通常客户会问："您看我做哪个项目比较合适呢？"这时，记得要加入一句试探性问话，"请问您一个月能来几次美容院呢？"根据客户的回答，再进行针对性的项目推荐就有说服力了。

第五步 给出方案，解决问题。

关于这部分的解决方案要围绕具体项目的效果陈述和是否与来店次数有关做详细讲解，还有效果的决定因素跟皮肤及经络的运行周期有直接关联，要充分体现"疗程是疗效的保证"这样一个道理。

第六步 再次确认，克服异议。

当客户选择了二择一方案中的一个或直接选择两个都做后，请明确客户的选择，"您的选择真是十分合适。""我给您报一下价格好吗？"

第七步　技巧报价，专业促成销售。

当为客户提供报价的时候，前边我们强调的顾问册中的产品设计就开始发挥作用了。报价应该永远遵循从低到高的顺序，给客户一个惊喜而不是一个惊讶，更不是一个便宜！

下面，我们逐步分解这七个步骤来学习美容顾问的销售技巧。

笔者在讲解美容顾问的销售七步

第一步：通过发问，了解需求

在我们销售之前，要充分了解美容院客户的需求，这叫"不打无准备之仗"。美容院客户需要什么？她们关注什么？我们能否满足她们的需要？在我常年开设的美容顾问训练课上，我们经常和学员一起做作业，来研究客户需要，由此寻找顾问服务的切入点。

> 积极的人在每一次忧患中都看到一个机会，而消极的人则在每个机会中都看到某种忧患。
>
> ——励志格言

🌀 检查满足客户需要的问题清单:

1. 美容院

(1)(内、外)环境好不好?

(2)交通方不方便?

(3)口碑好不好?

(4)品牌知名度如何?

(5)美容院的信誉如何?

(6)美容院有认可的执业资格吗?

(7)美容院有哪些服务项目?

(8)美容院开业多久了?

(9)有没有停车场?

(10)是否有特色?

2. 设备及卫生

(1)设备卫生是否合格?有没有达标?

(2)所有的仪器设备是否定时消毒?

(3)美容院使用的仪器是否安全?

(4)仪器的功能效果怎么样?

(5)经常有新仪器、新项目推出吗?

3. 产品

(1)产品的质量有没有保障?有没有经过 ISO 认证?

(2)美容院的产品用后有效吗?

(3)用了会不会过敏?会不会对皮肤有刺激?

(4)提供给客户的是否是真材实料?

(5)产品是原装进口吗?

（6）产品价格如何？

（7）开卡后会不会关门？

4. 工作人员

（1）形象专业吗？

（2）态度可亲吗？

（3）员工的职业道德怎么样？

（4）是否真诚、热情地对待顾客？

（5）专业经验丰富吗？

（6）技术操作专业吗？

（7）是否"硬"销会员卡或产品让客户尴尬？

（8）是否能够对客户资料保密？

5. 价格

（1）美容院收费环节设施如何？

（2）价格是否合理？价格与相应的服务是否挂钩？

（3）客户花的钱是否值得？

（4）价格变化是否令客户有上当受骗的感觉？

6. 服务

（1）服务环境是否幽静清洁？

（2）买卡后，能否如期预约定位？

（3）是否有售后服务？

（4）是否有附加服务？

（5）细节服务做得如何？（洗手间的卫生、水温，操作间的灯光和音乐）

（6）客户需要的项目操作是否到位？（手法是否一致？时间是否

统一?)

（7）是否有沙龙服务项目？

（8）服务时间是否与客户时间匹配？

专业美容顾问如果能够准确回答上面的客户问题，那就表示她已经做好迎接客户的准备了。这种准备和美容顾问有关，也和美容院的经营者有关。关键是美容顾问要了解我们能够提供的准确服务是否是我们美容院的优势？哪些是我们的优势？这是见到客户前我们是否能够提供客户需要服务的一份清单。有了这种盘点，我们才可以进入美容院前台，开始我们的客户接待工作。每个美容院和美容顾问都要回答这份问卷，检查自己的服务设施、环境和产品及人员表现是否符合我们的预期与客户的期望。

用爱心和专业的表现吸引客户；

想让客户喜欢你，你就一定要爱她。这是吸引力的保证。

像不像一个美容顾问？是吸引力的第一要素。吸引客户的前提是和每一个进入美容院的客户建立良好的信任关系。

> 将爱的能量传送给别人，我们自己就会变成一条管道，吸纳来自上天的神圣能源。而那种玄秘体验是我们每个人都得以品尝的！
>
> ——詹姆士·雷德菲

在结识另一个人之前，我们总是在见面的瞬间，就开始建立第一印象。建立第一印象的时间据说只需要 7 秒钟。那是我们的外形和肢体语言在告诉别人我们是一个什么样的人，是否值得他信任，等等。所以，要想建立客户对我们的信任，首先要呈现给客户一个亲切、专业的形象。清爽颜色的整洁制服、清新淡雅的妆容、发自内心的微笑，这一切都会令我们的客户放心，进而产生信任。假如我们头发蓬乱、衣服有皱褶、面容看不出表情，试想一下客户会如何看待我们呢？再假如，我们满脸堆笑，极度热情，可是却用审察的眼光打量客户，先评估她的钱袋，然后决定是冷淡或继续保持热情。客户会感觉不出来吗？第一印象的来源是我们的外形和通过外形表现出来的态度，不可不引起重视。我们和客户在瞬间打量后，就互相建立了一种印象。

但是专业美容顾问是通过语言体现的。在建立第一印象后，美容顾问要用清楚的自我介绍开始加强第一印象。如何自我介绍？要先问候客户，然后说出自己的名字和所在美容院的名字。例如，"**小姐，您好！欢迎光临，我是×××美容院的美容顾问×××。请问您贵姓？**"千万不要用"这里"代替美容院的名字，我们很多美容顾问就喜欢对客户说："您好，我是这里的美容顾问。"哪里的美容顾问？"这里"令客户觉得随便，而一个正式的美容院名字会令客户觉得美容顾问专业、美容院正规。所以美容顾问要杜绝口语化，随意的含糊的口语对一个专业美容顾问来说会弱化自己的专业形象。所以，不能省略美容院的名字，也不要忘记自我介绍。

大部分的美容顾问喜欢习惯性地问完客户的名字后，就直接问："请问哪里能帮到您？"或者"请问您有什么事？"

这些问话并不恰当。客户心里会思忖："在美容院你能够给我什么帮助，我怎么清楚呢？"在这里，问话也要显示专业的素质：

"**请问您贵姓？**"

"**啊，王小姐，请问您是想咨询面部护理还是身体护理？**"

当然，在一些小的以本地客户为主的美容院，你太正规，她还不习惯，所以要亲切一点，因地制宜就好。但在大部分专业会所，专业就意味着规范的语言、规范的行为，它们构成了美容院正规经营管理的一部分，不可忽视。

你既然已经问了客户姓什么，就该随时用尊称称呼客户。比如，客户说她姓王，就该在下面的交流中一直使用对客户的称呼：王小姐，而不是只在第一句问一下，下面一直说下去，却没有听到任何对客户的称呼。在对客户说"王小姐，欢迎您光临××美容院，我是美容顾问×××，很荣幸为您服务"时，美容顾问应该表现出真正发自内心的对客户的喜爱，用双眼正视客户，否则容易给客户流于随意的印象。对客户来说，你爱她，她一定会感觉到，并回报给你相应的反应，没有人拒绝真诚和热情，却一定有人拒绝虚伪和做作。

在自我介绍之后，要认真询问客户的需求。在询问的时候，要做到热情大方，这个步骤里要针对性地问三个以上的问题，和"唐伯虎点秋香"的"三笑"异曲同工。

第二步：重复问题，吸引客户

客户刚刚说出一个需求，你就认为那是她的动机，那你就错了。

你不能只说："王小姐，请问您是做身体还是面部？"

客户回答："我想咨询一下面部护理。"

美容顾问随之急切地说，"啊，那我给您推荐我们的面部补水套餐，我们的主要产品使用的是来自瑞士的羊胎素。"（没有听到客户需求就直接推荐产品，结果碰壁是正常的。）

客户说："我只想咨询一下，我认为我的皮肤也不缺水。"

怎么办？只问了客户一句话，就开始推介，往往会遇到这样的情形。

应当这样问："您想咨询面部护理项目，是吗？"重复客户问题是此时最重要的反应动作。

客户要做面部护理，面部护理什么？你问了没有？没有。所以不问

笔者与上海交通大学 IMBA 学生在一起

需求就下定义，这就说明美容顾问并没有问出客户的真正需求；客户刚刚说出一个需求，你就认为那是全部的动机，那你就错了，这时候开始销售，一定会遇到客户的拒绝。所以一定要再问，再问，既表现对客户的关注，又能够真正发掘客户的需求。

例如，接下来你可以问："请问您目前急需解决面部的哪些问题呢？"

如果客户有明显可见的问题，就说："让我看一下，您是否想改善面部暗疮的问题？"（因为根据我们的目测，客户脸上的斑痕较为明显。）

然后客户就会说："是啊，怎么办呢？"

这时候美容顾问就有机会了。一是客户没有做过护理；二是她信任你；三是她还需要你给她一个皮肤改善和护理的建议。

这个时候美容顾问可以说："这种暗疮高发的皮肤，会频发，护理不好还会留下印痕。是吗？"

客户再次点头。美容顾问又一次肯定了客户的问题，然后美容顾问可以接着说："我们的日常保养，不能达到去除暗疮免除印痕的效果，对吗？"

客户在这里又一次确认。

"去除印痕一定是专业美容护理才能做到的。所以，××小姐，根据您现在的皮肤情况，我建议您可以了解一下我们的清疮祛印项目。"

客户点头说："可以。"

在这个步骤中，如果美容顾问没有问出客户的需求，那所有的热情和表达都是无意义的。

如果美容顾问没有问出客户的需求，那所有的热情和表达都是无意义的。

我们美容顾问的表达一定要非常专业才符合职业要求，但是这种专业是建立在我们是否问出了客户的需求上的。如果美容顾问没有问出客户的需求，那所有的表达都是无的之矢，都不具备任何意义；如果现场只是美容顾问在对着客户背诵产品说明，背诵仪器功效，或熟练地、不停顿地介绍美容院，会出现哑场，或遭遇客户的不耐烦。而且美容顾问背诵得越熟练、越影响自己的专业形象，因为客户对美容顾问熟练的背诵不感兴趣。客户在不清楚你能为她做什么之前，是既不买产品，也不买项目的。客户只对你能否解决她的问题抱有浓厚的兴趣。可惜大部分美容顾问只知有己不知有她，只是熟练背诵而已。这里，我们一定要记住：专业形象是在客户心中引起肯定的认同反应。怎样做到这一点呢？一定要针对客户做出针对性的发问，对客户问题给予针对性的回答；而不是独自背书。而且你所有问题都要设身处地为她着想，不了解就不会着想，要了解就一定要掌握发问的技巧，要问得令人舒服而不是反感，才会对客户有吸引力。针对性的发问和针对性的回答，能帮我们找准美容顾问和客户共通的点。在这种情况下，发问的目的是为了抓住客户的注意力，抓住客户的注意力就要跟客户的问题相关联。要注意不要扩大问题，不要问隐私问题。

你所有问题都必须具有针对性。针对性的发问和针对性的回答，能帮我们找准美容顾问和客户共通的点。

检查用提问来吸引客户了吗？第一，我问了吗？第二，我问什么？

在与客户的交流中，直接的需要容易问。有些客户不表明需要，美容顾问又怕冷场，于是，就会问一些客套性的问题："在哪里工作？赚多少钱啊？结婚了没有？"有些客户很反感，会问你说："查户口啊？""我为什么要告诉这些私人问题？"专业形象中的礼仪分数不高，影响客户对我们的印象。在接待客户时，要注意不问隐私，非客户的问题不问。扩大性的问题少说，以免分散问题的焦点。我们不能在客户说"我要减肥"后，说："是的，好多客户都想减肥，因为夏天快到了，穿裙子好看。不过，我发现你脸上这里有斑，啊，眼角还有干纹，都需要解决。你来这里算是来对了。我们美容院非常专业。"客户听了如何？当然会很不舒服，照您这么一说，我都没有人样了，是不？所以不要扩大问题显示自己的熟练。在客户说"我要减肥"后，美容顾问要马上抓住问题说："请问您是考虑减全身还是减局部呢？"客户说："减手臂。"这样就又一次清楚了客户的需要。但是，这还不是全部了解了客户的问题，美容顾问依然还是要问下去。怎样问呢？先介绍，再发问，"我们美容院有两种减肥项目，一种是中医穴位针灸减肥，一种是精油瘦身。小姐，我给您介绍一下好吗？"客户会回答："好的。"在这个环节中，要注意：不要用顾问册代替销售！

不要用顾问册代替销售。

在美容会所销售中，美容顾问犯的最常见的错误，就是刚刚接触客户的时候，就对客户说："小姐，请看一下我们的产品介绍。"然后客户接过顾问册，当即就懵了。一般美容院的顾问册，一般都达到半寸厚。这么厚的顾问册，客户能不能看明白？客户又在里面看什么？她如何在最短时间里找到自己的需要呢？如果客户看了顾问册，就解决了产品和疗程选择问题，美容顾问又怎么能够证明自己的专业呢？当我们站在客户的角度考虑时，就不会用顾问册代替销售了。每个美容顾问都要在心里回忆一下，当我们接待客人的时候，当你试图把顾问册给客户看的时候，她看吗？她要么不看，要么一看到顾问册就双眼发呆，然后只是随便翻翻，眼睛不定，心不定，当然也不选择。为什么呢？因为客户压根不能从这么厚的顾问册中找到自己需要的。如果阅读的速度慢了，估计需要半天时间。因为我们的产品密密麻麻、天花乱坠。有的美容院根本没有顾问册，全凭顾问随口介绍。有的顾问册有一百多页，客户能不能看？不能。所以你要采取一定的手段推荐产品。推荐产品的前提是，你用专业的问题真正问出了客户的需求，然后才能提供准确的产品和方案给客户，让她觉得没有找错为她服务的对象。最后，美容顾问才能根据明确的需要，翻到顾问册内容的相应部分，单独指给客户，以强化印象。

接着上面的例子，美容顾问这时可以翻开顾问册的这两个项目的页码，介绍这两个项目给客户。此时，客户看着美容顾问，美容顾问就应该开始讲解操作步骤、功效和成分，重点强调效果；如果客户说：我自己看吧，那这个客户就会不喜欢你讲解，请静静观察客户的眼睛落在何处。

这个关键步骤的重点是不要不加选择地让客户自己翻来翻去不知道看哪里，而是找到两个目的相同、价位不一、操作方法有差异的项目，让客户再次根据自己的条件做出选择。

　　这个动作的目的除了令客户看清操作和产品及仪器的功效外，还有一个最为重要的目的就是令客户根据价格做出选择。

　　客户抬头时，美容顾问可以发问："小姐，这两个项目您对哪个有兴趣呢？"

　　客户回答："给我介绍一下精油瘦身吧。"

　　这时美容顾问可以直接介绍该项目了。这就是抓住了问题的针对性。问题要跟着客户的需要走。当客户说出需求的时候，我们要辨认，这是最终需要吗？还是换过装的需要？当问出最终需要的时候，我们要关注，要听。听见了，还要抓住！我抓住了吗？这样的了解，会给美容顾问销售带来轻松的过程。

　　客户这时可以根据时间、价位选择有针对性的项目。然后，美容顾问要再次问一个有目的的问题以减缓促成的压力并找到让客户认同的突破口。"请问，您的时间会怎样安排？"或者，"请问您一个月可以来几次呢？"这时，不要急于让客户选择买单，应该充分询问，以确认客户的时间是否符合我们将要推荐的疗程。客户也许会问时间安排和护理有什么关系？美容顾问应该非常专业认真地解释给客户听：因为您选择的治疗项目需要 15 次疗程，给您设计疗程的时候，要看您的时间安排，比如说："您每个月能来美容院做几次护理呢？如果您能保证每月来两次，那我就很容易为您做疗程设计啦。如果不能，我会采取不同的治疗方案。"

　　如果这样与客户沟通，即通过发问和回应客户来获得客户的真正满意，那么就要求你要不停地在每一个环节从客户的角度发问，让客户明白你是关心她的，一切为她着想。等客户回答了能来美容院做护理的时间后，美容顾问就可以根据客户提供的时间，为客户设计适当的项目，如补水、祛印、营养。告诉客户，你推荐的这个套餐，虽然可能花的时间比较长一点，但是效果能持久，以备您第二次来的时候还能持久地保持效果。客户就会认为：噢，原来你推荐的正是我要的，而且完全满足我的需要，她就不会问为什么，而是感到满意，满意的结果不是谢谢你并对你微笑，而是欣然买单。

第三步：两种推荐，避免拒绝

这是一个通过问题的确认找到说服客户的理由的曲折过程。不过总还是有迹可寻。

大部分美容顾问在此步骤中犯的错误都是没有对客户说清解决问题的方法就开始谈价，或直接介绍产品。客户往往会拒绝这种销售，而我们的美容顾问还不明白为什么。想避免拒绝，就要学会用问话确立美容顾问的专业形象。那么，如何问

> 使用双手的是劳工，使用双手和头脑的是舵手，使用双手、头脑与心灵的是艺术家，只有合双手、头脑、心灵再加上双脚的才是真正优秀的销售人员。
>
> ——销售格言

呢？从哪里入手开始问呢？这里我们从五个方面来谈谈在讲清原理的过程中应注意些什么。

第一，单刀直入迅速进入主题。

美容顾问："您好，欢迎您的光临，请问您怎么称呼？"

客户："我姓刘。"

美容顾问："我是×××的美容顾问×××，很高兴为您服务，您是想了解面部护理还是身体护理？"

客户："面部，我的皮肤干，都有细纹了。"

美容顾问："刘小姐想了解较普通的还是深层保养治疗的项目？"

（应该重复刘小姐的问题："是啊，皮肤看上去有些干，缺水的皮肤最容易产生细纹，补水不及时会变成干纹。"）

客户："我做过很多的护理，但功效都不怎么理想。这里有什么可以解决我的问题？"

在上面这个例子中，美容顾问有以下错误：

（1）美容顾问应该随时称呼客户"刘小姐"以示尊重。

（2）客户已经说出了需求是皮肤干，有细纹，就应该直接抓住需求，推荐针对该问题的项目，而不应该问刘小姐想了解什么项目，因为从现场看来，刘小姐还没有机会了解到美容院的项目。

第二，不要过早介绍产品，要直接对客户的问题做出反应，抓住并描述客户问题。

当你没有对问题为什么产生做出描述的时候，介绍产品等于自讨苦吃。这个环节大部分美容顾问都没有做好，而这是重点。提出问题以后，怎么解释问题产生的原因，这段语言必须专业，没有废话。请看以下例子：

美容顾问："您好！请问小姐贵姓？"

客户："我姓林。"

美容顾问："我姓刘。林小姐，请问您想做哪方面护理？"

客户："我想先了解一下。"

美容顾问："您想了解哪方面的产品？"

客户："你们有哪方面的产品？"

美容顾问："我们有日常护理、祛斑、瘦脸、瘦身产品，您想做哪种呢？"

客户："先看一下日常护理吧。"

美容顾问："好的！您看这是我们新进的日常护理产品'资美灵'，很适合亚洲人的肌肤，保湿美白，您要不要试一试？"

客户："这种产品适合我吗？"

美容顾问："适合！'资美灵'不仅滋润皮肤并美白，效果挺不错的。今天先给您做一次，体验一下效果，行吗？"

如果您是客户，行吗？

在上面的例子中，美容顾问明显缺乏专业的说明。客户没有说出需求，美容顾问就在推销产品，客户疑惑地问：这种产品适合我吗？美容顾问保证说行！但事实上，客户的问题没有确认，疑惑没有解决，项目没有选择，美容顾问的热情和信心都不足以令她买单。

第三，精心策划你的问题，确立提问者的地位。

提问者的地位是什么？是控制问题的方向，而不是让客户控制美容顾问。客户控制了美容顾问，美容顾问什么也卖不出去。但是控制不等于强势硬推，而在于你能够掌握话语的主动权。

怎样掌握话语的主动权呢？要善于策划问题，随时准备好如何提问。不会提问的人，几乎永远听不到别人的需要。至于问什么、何时发问，要看美容顾问的经验和准备。对客户需要什么胸有成竹，对自己能够给予客户什么心里有数，这样才能够以专业的技巧提问。

如果你能够用有意识的引导让客户说出她的需要，就会出现一种情况：你问得越有针对性，她越愿意回答，你问得越准，客户回答就越明确，你掌握的客户需要就越准确，出现异议的可能性就会降至最低，我们和客户的交流就越顺畅。接待和销售的时间越短，我们的专业形象就越突出。

但是，我们在日常销售中经常存在的情形是听不到客户的声音，只能听到美容顾问的热情推销。一旦听不到回音，我们要么增加项目，要么直接推荐价格，生怕出现静场。要么我们就认为客户没有需要，或没有钱，准备放弃。而实际上，我们从未有机会耐心听到客户真正的需要。所以，好的美容顾问要充分准备并策划我们对客户的提问，并在实际接待中不断总结经验，以一个简洁的标准来评估我们提问的技巧，就是是否听到客户在说话，我们是否和客户在进行有节奏的对话，如果从未策划过我们的提问，我们就会按习惯，只问一句话，就开始惯性推销。这说明我们在按照习惯介绍我们的想法，而不是问出客户的需求。看下面的例子：

美容顾问："您好，欢迎光临！来，请坐！大姐，请喝水！"

客户："谢谢！"

美容顾问："不客气，请问大姐贵姓？"

客户："姓张。"

美容顾问："噢！张姐呀！我是×××的美容顾问青青，很高兴能为张姐服务，请问您是想做面部还是身体护理？"

客户："我想瘦身。"（需要出现了。）

美容顾问："张姐，看来您对自己的要求比较完美。我觉得您的身材还是不错的。您觉得自己哪个部位不满意呢？"

客户："主要是腹部。"（非常明确，可惜后面未得到回应。）

美容顾问："没问题，那看大姐今天有多长时间，由我们的专业瘦身师给您安排。"（未讲清原理和效果就直接安排。）

客户："好吧！我今天刚好没事。不过，今天做完可以看出效果吗？"

美容顾问："噢！那可能会令张姐失望，因为你今天做明天才会有效果。"（还打击了客户的信心。）

客户："以前好像没有听说过你们的产品嘛！"（客户还是回到未解决的疑惑上。）

美容顾问："因为目前在市场上咱们的产品是最科学的营养、健康瘦身产品，而且在疗程期间，由于给您补充各种纤维素、综合维生素，会让您的肌肤白里透红，有光泽。另外，加上给您的局部瘦身，会让您的身材更加动人。"

客户："那你们这里的消费价格怎样？"

美容顾问："是这样的，咱们现在免费减肥。"（增加了客户的怀疑。）

客户："那我要付什么钱呢？"

美容顾问："噢！是这样的，会员在减肥的疗程期间，所服用的营养品纤维素 880 元，综合维生素 150 元，按摩膏、消脂、溶脂 300 元，按摩啫喱收紧 300 元，疗程点穴按摩一律免费，超值吧？"

在这个案例中，美容顾问只问了一个问题，就开始推荐减肥疗程。我们只听到客户挣扎着说："好像没有听过你们的产品。"美容顾问依然按照自己的想法介绍。客户问："有效果吗？"美容顾问说："那可能令您失望了。"这句介绍会给客户留下强烈印象。是什么样的印象呢？可能不是我们希望的印象。下面，客户问多少钱的时候并不等于客户想买单，而是她不知道如何对付美容顾问的推销。这并不是一次成功的推介，特别是关于产品组合的免费介绍，后面又是一系列的收费，会令客户有不诚实的感觉。这种拿客户当成贪便宜的对象的推荐设计会令客户感到不舒服。

第四，一定要问与客户现状有关的信息、事实和背景数据。

设计问话时，一定为后来的介绍和可能的目的做准备。例如，一个要求减肥的客户，来到美容院，你就有必要问："你曾做过减肥吗？"因

现场演练让学员理解更透彻

为这和你要做的项目推介有直接关系，做过减肥和没有做过减肥的人，美容顾问对她们的介绍是不一样的。为了让我们的介绍有针对性，避免我们推荐的项目或产品正是客户已经做过又认为无效的项目，就有必要问相关的背景问题，以了解推荐的方向。但不合适的问话是："你体重多少斤？"这个问题与减肥无太大关系。减肥只是塑形为主，有时不一定减下多少重量。一味让客户关注减多少斤，不如让客户关注健康的塑形减肥。问客户体重，容易令客户产生不舒服的感觉，有很多客户不愿意回答，特别是旁边还有其他人的情况下。这是她的隐私。换成和事实有关的问题是："您是想做背部减肥吗？我来看一下，皮肤很软，减起来没问题。我们怕的是肌肉僵硬，减起来很艰巨。"如果我们问客户："您做局部瘦身是吗？请问哪一个部位？"客户说："我的手臂很粗，穿裙子不好看。"我们就会发现，这是个爱美的客户，而且需要做局部瘦身。背景问题可以帮助我们理解客户，但是这个背景要与直接的客户问题挂钩，而不是与我们的需要挂钩。例如，有些美容顾问问客户在哪里工作，为的是了解客户赚多少钱。客户心里就抵触，觉得自己不应该将自己的收入告知他人。由此，我们知道，客户不愿意我们问与她的护理需要无关的问题。

第五，抓住合适的背景性问题，是发觉客户潜在需求的起点。

没有经验的人会经常使用这样一些扩大性的背景问题。例如："你赚多少钱啊？""你的斑是不是吃了辣的东西？""你用了什么样的化妆品？"客户很糊涂，你究竟要问什么？你到底能不能治疗我的斑？所以说，背景性问题如果和客户的需求挂钩，就能加深美容顾问对客户的积极影响；如果不挂钩，就会把话题越扯越远，影响到客户对美容顾问的信赖。所以，大家一定要清楚，假如我们要超过客户的需求问背景性的问题，就要看这个背景性问题能不能帮我打消客户的疑虑。例如，"请问，你以前做过的减肥是用的仪器还是用的精油呢？""请问，您一个月可以来店几次呢？"这种对客户时间安排的了解有助于你后面的项目推荐。

这是有针对性的背景问题，我们可以根据回答推荐不同的方法给客户。如果她什么都做过，那么就可以和她探讨，以前的美容师、美容顾问是怎么给她做瘦身计划的，她是否按计划严格执行等。这样我就会知道客户是否有自我管理的能力和毅力。

重要的是背景问题一定为解决我们客户的直接问题打下伏笔。

在这种情况下，你的背景问题越具体客户越不可能拒绝。同时，你的称赞带给客户一种压力。在这种认同的压力下，她会不自觉地决定要成为你期望的有钱人。对客户的心理影响越大销售就越容易成功。但在失败的销售中，因为美容顾问把背景问题没有边际地放大，我把她叫做"聊天"。吃什么啊？穿什么啊？天气怎么样啊？越绕圈子离客户关心的问题越远，就越难说服客户。不要用繁琐的话题去填满客户思考时的沉默，进而淹没客户的需求，使自己失去对话语的控制权。一旦在对谈中漫无边际，美容顾问的专业形象也就荡然无存了。

笔者在招商会上讲课

第四步：关注原因，建立信任

如何关注原因、讲清原理体现专业形象以建立信任呢？

第一，诚实的人品。

交流中看素质，推荐时见品德。在明了需求的交流中，最容易让客户看出美容顾问的人品。客户说："我不在乎钱，你给我推荐一个好的产品，有效就行。"美容顾问一听，立刻推荐一个最贵的给她。结果客户也不是傻子，一看，你一共就三种会员卡，最贵的18000元，然后就让我买18000元的卡，我会买吗？不愿意！卡只是价格，不代表产品过硬，我的需求是产品效果，你美容顾问的需求才是卖最贵的卡、推荐最贵的卡，令客户认为美容顾问最看重的是她自己的需要——提成，而不是客户的需要。在这里，美容顾问心里只有客户有钱的判断，而没有客户需要最好的产品的要求。聪明的美容顾问，就要具有诚实的人品，站在客户的角度想问题。在交流中，你表达的顺序和推荐的重点将成为客户考量你人品的出发点，一定要学会真正关心客户，才不会只从自己的要求出发。

第二，专业的能力。

分辨客户最准确的需要，是一种专业的能力；给客户任何需要一个准确的回答，也是一种专业能力；能够与不同的客户进行不同风格的交流，换来客户的认可，也是一种专业能力。这些能力素质可以通过问话显现出来。

请找出在以下这段问话中美容顾问的专业能力体现在何处？

美容顾问："刘小姐，您工作忙吗？请问您每个月有多长时间做护理呢？"

客户："我的工作很有规律，不怎么出差。"

美容顾问："那您每个月能保证做几次护理的时间呢？"

客户："一次可以。"

美容顾问："刘小姐，考虑到美容的效果，一个月两次可以吗？"

客户："两次恐怕不行，有时也要加班，时间不够。"

美容顾问："哦，那我清楚了，刘小姐，您一个月能保证做一次护理。那么您是喜欢一个持续的产品护理还是喜欢一个特效的产品护理呢？"

客户："我喜欢持续的护理，因为我想还是持续的护理比较有效。"

在以上对话中，美容顾问的着眼点是客户的需求，她的问话也体现了二择一的原则。没有碰到客户的抗拒。

第三，客观的立场。

首先，在介绍上通过顺序体现客观的立场，有时仅是一种介绍的顺序。不要小看这种顺序，它决定了客户看待你的方式。我们去餐馆吃饭，让接待人员推荐吃什么，"你们这里什么是特色？""我们这里啥都是特色。"（真是气死人不偿命啊！）还有的直接推荐鲍鱼，你一看680元，立刻很不舒服，这种不舒服的感觉不是不喜欢鲍鱼那道菜，我们的不舒服来自于那个接待员的推荐顺序，她推荐最贵的菜带给我们一种"被宰"感，没人喜欢"被宰"的感觉。

不要用最贵的产品让你的客户怀疑你的用心，而要用关心先征服她。这样，花一样的钱，心情是不一样的。关键不是结果，而是客户的感受。你如果在第一时间卖最贵的产品给客户，在客户眼里你的立场就有问题。你想拿提成的想法就压倒了为客户服务的想法。优秀的销售永远先解决客户的心情再解决销售的事情。

笔者与天姿国色品牌总监丁总

不要用最贵的产品让你的客户怀疑你的用心，而要用关心先征服她。美容顾问销售的关键是客户的感受。

其次，在态度上通过新老客户的接待体现。有一个常见的现象，当客户第二次来，第三次来，或成为熟客后，只消耗不付现金的时候，美容顾问的脸色可能就变了，很平淡，不热情，熟视无睹，我们表现出无所谓的样子，像对自己家里人一样。所以，时间久了，客户心里就很不舒服，因为她知道，不开卡美容顾问就没有提成。这个美容顾问是不是太看重利益了，为什么这次像不认识似的？啊！原来只认钱不认人啊！为了教育这个美容顾问，她以后会用坚决不续卡来向美容顾问证明自己的重要。因为她记得交钱时你对她热情似火，没付钱时你对她冷若冰霜，所以她就不再续卡。美容顾问这种态度和表情上的前后不一致，会造成许多客户的流失。所以，美容顾问持之以恒、一视同仁的人品对与客户建立长久的交情非常重要。

第四，专业能力体现在难题出现的时刻。

专业能力的第一点是确认问题。留神客户说出了什么问题。这个已经很容易理解。假如客户化了妆，说，"我随便看看"。这个问题难倒了不少美容顾问。美容顾问会忽略这个问题，或认为这是个无诚意的客户。其实，这时候，客户是处于犹疑状态。这个问题后面的潜台词是：①新客户。②不了解你也不了解美容院。③就是想考察美容院，考察从美容顾问开始。看接待我的人是否值得我交流，她的专业能让我放心吗？

所以，在这种情况下美容顾问分为两种：能抓住客户需要的美容顾问和抓不住客户需要的美容顾问。抓不住需要的就得说："哦，我们有一款新产品，原先 680 元，现在 380 元，请问你现在尝试一下好吗？"这叫不辨需求。而专业的美容顾问就会在客户说"我想随便看看"后紧接着说："那好，请跟我来，我带您参观一下我们的美容院好吗？"这就是抓住问题。不信任就是问题，她不认识我们也是问题。"看看"就是不信任、不了解，就需要介绍，需要得到重视。所以要让她信任就是满足她的需要。这个"看看"实际上也不是真正的需要，是她想通过试探，看看我们是否专业？是否真正尊重她？然后才可能洽谈需要。这种随时出现的考察，每一天都在美容院上演。大部分的美容顾问会因为自己的疏忽失去机会。

有些客户可能只是来问问，问到你征服了她，她才买单。

对客户的讲解和问题的回答越科学，越可能提高客户对你的可信度。记住，客户信任你的时候，你必须是专家。因为她的最主要的需求是你能够帮助她解决问题。你不是专家，意味着你的专业素质无从体现，你只具有亲和力，能够令客户喜欢你，不对你表示生硬的抗拒，甚至对你很亲切。但是，你不能误会成你与客户是亲密朋友。客户不会在服务场所找知心朋友，客户的信任一定与你的服务态度、服务技能有关，而证明她信服你的指标是她最终能够买单。这与你的专业能力有关，如果只有好的态度，而缺乏专业的指点，客户会认为你说的话是客套话。所以建立交情的根本是你必须在和客户交往时用独特的建议表现自己的专业水平，以此令客户信服。这种信服是建立在尊重的基础上。

提问题要有目的。用客户明白易懂的语言提问，提问内容要跟客户需要的效果相关联。

一般来说，当你通过正确的问话，已经了解到客户深层次的需要后，通常已经不知不觉地和客户建立了一种默契和认同。而美容顾问的位置和制服本身使我们拥有一种优势，大部分客户会不自觉地服从我们的指令和建议。只要我们的语言足够专业，

> 积极者相信只有推动自己才能推动世界，只要推动自己就能推动世界。
>
> ——销售格言

行为十分得体，我们很容易被客户在专业上信任。我们的美容权威的形象，让许多客户不太敢于冒犯，除非我们非常胆怯，非常不自信，使客户有了"修理"我们的欲望。有些客户变得挑剔，觉得难缠，是因为她们不能容忍我们的非专业表现。她们要通过批评，教导我们如何才像一名美容权威人士。所以，不要总是认为客户不认可我们、不掏钱时就是不懂事，就是没钱。我们讲过，没钱人也没时间来美容院闲逛。重要的是，我们如何让那些有钱的客户、有需要的客户甘愿接受我们呢？首先，要在交流中显出我们的权威和专业的形象以征服客户。

掌握开放式问话技巧。

试想两个对话者，只有一个人说个不停，另一个人从未有机会开口，那么，谁对谁了解更多呢？当然听的人了解更多啦。开放式的问话，可以增加对客户的了解，建立亲密的感情；可以让对方更详细地解释她的问题，让我们对客户了解更多；可以问出我们需要的问题。一个不能够让客户开口的美容顾问一定是未能掌握开放式问话的人。

开放式问话需要回答下面这些问题：谁—为什么—什么—什么时间—什么地点—怎样做？

例如，您以前在哪里做过光子嫩肤吗？（听起来客户非常了解该项目，有必要再问。）

您用什么方法使自己如此年轻？（赞叹客户总是令客户喜悦。）

您可以在我们这里停留多长时间？（可以在推荐项目时作为客观依据。）

我想各位已经清楚了光子的操作步骤，请问是谁想做这个项目呢？（面对两个客户要判断谁是真正的需要者，再次瞄准真正的客户。）

例如：

美容顾问："我是××的美容顾问小荣，很高兴为您服务，刘小姐是想了解面部还是身体护理?"

客户:"我感到皮肤发干。"

美容顾问:"刘小姐想了解较普通的还是深层保养治疗的项目?"
(为什么不抓住皮肤干的需要呢?刘小姐怎样知道什么是普通和深层保
养的项目呢?)

客户:"我做过很多的项目,但功效都不怎么理想。"(交流停止了,
美容顾问第一句问话错误,就会引发连锁反应。)

下面我们用开放式问话重新开始:

美容顾问:"您好,我是××的美容顾问小荣,很高兴为您服务,
刘小姐您是想了解面部还是身体护理呢?"

客户:"我感到皮肤发干。"

美容顾问:"啊,刘小姐,皮肤干是吗,看上去确实有些偏干。您
了解皮肤干是怎样形成的吗?"(开放式问话,唤起客户兴趣。)

客户:"不知道。只是既然很干,就不舒服,而且也容易出皱纹。"
(客户说出了担心。)

美容顾问:"是啊!一般皮肤发干都容易产生细纹,如果补水不及
时,就会变成干纹,很难消除。皮肤干与皮肤分泌不平衡有关。皮肤多
油时,表示缺水,引起了油脂的旺盛分泌,表现是皮肤偏油;皮肤偏干
时,是由于油脂分泌不够,水分也不充分,所以表现为紧和干。这样的
情况一般出现在较为细腻的皮肤上。刘小姐,您的皮肤很细白,像您所
说,很容易出现皱纹。对吗?"

客户:"是的,原来皮肤干是由于油脂分泌不足啊,那怎么办呢?"

美容顾问:"我们可以适当使用滋润性的产品来调节皮肤状况,使
我们的皮肤水油分泌平衡,我们就不会感到发干,而且会保持滋润和年

轻。请问刘小姐，您以前用什么类型的产品呢？"（为推荐产品做进一步的开放式发问。）

客户："我以前一直用一种补水产品，心想那会使皮肤滋润一些。结果，别人说好的产品，我用起来就不行。"

美容顾问："是啊，补水的产品属清爽型，适合油性皮肤使用；而皮肤偏干则适合使用滋润型的产品。刘小姐，我们有一种产自澳大利亚的滋润型产品，以及精油玫瑰系列产品，它们对干性皮肤的补水都非常有效，您想了解一下吗？"（注意给出两种选择避免拒绝。）

客户："可以。"

我们在这种对话中，可以找到几个开放式问话呢？

分析一下带给客户不同的感受，练习一下，看我们的销售中，用过几个问话？问的内容如何？问的结果如何？

第五步：给出方案，解决问题

在和客户进行以上的开放式问答后，客户经常主动向我们询问，怎么办呢？我们已经面临着另一步骤，就是为客户提供一个合适的解决方案，让客户满意。

> 成功不是全垒打，而要靠每天的、不断的练习才能密集安打。
> ——Robert J. Ring

在这个环节，美容顾问常常容易陷入两种误区：

第一，直接推荐价格，认为价格就是客户要的。结果客户不买账，开始再次向美容顾问发问，问的甚至是美容顾问自认为已经回答过的问题，令美容顾问认为客户很莫名其妙。如以下案例：

美容顾问："您好！请坐，我是××的美容顾问，我叫小敏，请问怎样称呼您呢？"

客户："我姓张。"

美容顾问："张小姐，您好，嗯，您的气质真不错！"

客户：（客气）"哪里！"

美容顾问："张小姐，您想咨询身体和面部哪方面的问题？"

客户："我想知道你们做面部是怎样的，我觉得今年老了点啦！"

美容顾问："张小姐其实您气质很好，也并不老，只是皮肤看似没光泽，眼部有些许干纹。"

客户："是呀，我的眼睛周围最近皱纹加深了，怎么办？"

美容顾问："张小姐，没关系！如果您工作忙，也可以利用休息时间做护理。您每周只需抽出 2 个小时，我们便可以帮到您。（顾问的假设，没有能够用问话获得客户的确认，试着换成问话。）像您只需做这一项补水的护理就可以了，（肯定地推荐了一个客户未必认同的产品有被拒绝的风险。）而且这个品牌的产品是德国原装进口的，效果质量都有保证，还荣获了 2000 年国际护肤大奖，您做完后一定满意。（缺乏问话，客户了解产品吗？没有获得客户的认可就开始直接推荐。）因为这产品是纯天然植物系列，对皮肤无刺激、无伤害，可以使皮肤达到一定的光泽，肤色看起来健康又自然。"（成为美容顾问的自言自语。）

客户："会吗？"（客户对此有疑问，却没有得到美容顾问的关注！）

美容顾问："张小姐，我看您今天既然来了，不如就做一次，我们就当交个朋友。我按会员的折扣给您一个尝试价，您看现在我就安排美容师帮您做好吗？"（硬性的降价诱惑不会带来最成功的交易。）

客户："我还想知道为什么有效呢？"（当你没有充分回答客户的问题时，客户会买单吗？）

第二，详细介绍产品功效，功能无所不包，令客户怀疑效果被夸大了，从而怀疑美容顾问和美容院的真诚，也不肯买单。用上面的例子再做一个练习。

美容顾问："您好！请坐，我是××的美容顾问，我叫小敏，请问怎样称呼您呢？"

客户："我姓张。"

美容顾问："张小姐，您好！嗯，您的气质真不错！"

客户：（客气）"哪里！"

美容顾问："张小姐，您想咨询身体和面部哪方面的问题？"

客户："我想知道你们做面部是怎样的，我觉得今年老了点啦。"（可以用"怎么老了？我都没有看出来啊"让客户自己说出问题。客户会说："眼睛周围皱纹多了。"）

美容顾问："张小姐其实您气质很好，也并不老，只是皮肤看似没光泽。"（确实眼部有些许干纹。）

客户："是呀，我的眼睛周围最近皱纹加深了，怎么办？"

美容顾问："我们有一个新的仪器可以向您推荐，它很有效果。"（我们有两个项目可以解决皮肤干和细纹减轻的问题，我给您介绍一下好吗？）

客户："什么仪器？"

顾问："美国的 BIO，它是一台利用 1.5V 电压启动的美容电脑数码仪，利用接近人体本身的生物电流，配合奥地利的山泉水，静静地经过皮肤肌肉细胞，渗透肌肤，加速修复老化的细胞，促进血液循环和新陈代谢，加强细胞吸收及排泄的功能，可收紧提升肌肉，去皱去斑，收缩毛孔，收双下巴，治疗暗疮凹凸洞，改善肤色及皮肤敏感。"（把有关图片给客户看。当一次性介绍的功能超过三种以上时，客户已经听不下去了。其实她只关心对自己的问题最有效的功能。介绍得越多，客户越怀疑。)

客户："真有这么神奇吗?"（内心不确定。)

美容顾问："是的，您今天要不要试一下澳尔滨的美白补水护理+BIO 的特效眼部护理。如果您成为会员，今天这次可以免费送给你。"（美容顾问直接完成了自己的推销，却并未真正听懂客户的需要。)

客户："我先考虑一下再说吧。"

在说明你推荐的产品为什么对客户有用方面，应该向客户证明我们对专业产品成分和功效的了解，对仪器功能和效果的娴熟掌握，我们的表达是否能让客户听懂? 有时候，美容顾问必须说明科学的原理、产品的功效和操作的具体步骤，才能令客户对自己不熟悉的项目和产品透彻了解。她从美容顾问这里了解得越详细，她对美容顾问的专业能力认可度就越高，成交的可能也就越大。

那么，如何才能避免这两种情况的产生呢?

首先是在客户的需要出现时能够抓住根本需求，注意停顿和用问话确认客户的需要。具体方法如下:

一是重复客户的问题，以确认你真正听懂了客户的需要。

例如，一个从未减过肥的人，因为信任你，让你提一个减肥建议。你可以告诉她，减肥是一个什么过程，用什么仪器或产品。只要你的亲和力和美容院的环境及产品有足够的保证，初次进门的客户总是容易成功销售的。最考验顾问水平的是来了一个多次减肥从不见效的人，就是左减右减、左反弹右反弹的老顽固，你如何说服她，解决她的疑问或问题才显示你比其他的美容顾问更专业，你才能让她在无数次失望后再一次跟你买单。因为每一个"减肥高手"都花过成千上万的钱，每家花费3000 元，都花了 5 家了，再想让她花钱就特别困难。你就要比其他美容顾问专业，要能指出她的需要和真正的问题。怎么说服她呢？用连续性的问话掌握沟通节奏，真正了解其需要，再提供令客户放心的解决方案。

美容顾问："李小姐，您已经尝试过 5 家美容院，但是减肥都不成功，是吗？"（封闭式问话暗示问题。）

客户："是呀，什么都试了。"

美容顾问："李小姐，那您认为是什么原因导致反弹的呢？"（开放式问话探究根源。）

客户："我不想连续吃那些纤维素什么的。太烦了！"

美容顾问："是的，李小姐，我们需要美丽的身材。只是，也需要更科学的方法以及更专业的机构，对吗？"（封闭式问话。）

客户："是呀，可是谁都说自己是专业的呀！"

美容顾问："是的，李小姐，可是都会说，但是不一定都能做到，对吗？我帮您测试一下您的身材、三围、脂肪和肌肉分布，再帮助您做个分析好吗？"（封闭式问话引发行动。）

客户："怎么测试？"（很感兴趣，开放式问话。）

美容顾问："李小姐，我们公司有一个意大利的电脑脂肪测试仪，它能在瞬间帮您测出您的脂肪含量和分布情况，然后我再帮您设计一个科学的减肥方案，好吗？"

客户："好呀。"

一般你要加入仪器判断的时候，客户就会觉得很放松。她会说："噢，原来是这样！这个美容顾问很专业。"

在做专业推介时，你要学会用封闭式方法问你的客户，她就会说：是。封闭式问题就是给对方指明观点或方向，详细限制对方的回答范围。只需要对方回答是或不是，而不需要发挥。通常这样的问话，能够节省时间，有准确的论断，能够引导谈话方向，控制谈话节奏。

好的封闭式问话，能够树立权威。

例如，您常来我们这里做护理吗？您喜欢精油护肤项目吗？您希望皮肤看上去更细腻一些，更白皙一些，对吗？在这样的问话中，客户通常都会给予肯定回答。这种积极的封闭式问话会确立我们的专家形象。请自己做 5 个积极的封闭式问话练习！

上面我们给大家介绍了两种问话技巧，在使用开放式问话的时候，我们了解了客户的问题，避免了在早期不了解客户需求时进行盲目销售，从而建立了和客户的感情信任。接着我们会在实际销售中发现，一味开放式发问会显得自己缺乏专业权威，适当的肯定和封闭会带来明确的观点，这两种问话交替使用才是融技巧于过程的能力体现。

掌握了交流步骤的关键和问话的目的，在接待客户时，才能从容享受和客户进行问答交流的过程。不要以为客户就是个必须买单的人，而且买单的速度越快越好。不要用连续性的发问或推荐表现出急于将产品推出去，而要随时问自己："她信任我了吗？我了解她的需求了吗？这个需求是最准确的吗？她听清楚我的介绍了吗？我的介绍有可能被拒绝吗？"如果能够用问话确认客户已经认可，你再给她提供解决方案，获得确认的可能就很大。当你没有为客户的问题提供解决方案的时候，你的推销就极有可能遇到逃避或拒绝，表现在客户心中的形象就会是不专业的。

二是不要用顾问册或项目名字代替销售。

美容顾问："您好，小姐，我是美容顾问××，您贵姓？"

客户："我姓李。"

美容顾问："您到本中心是做身体护理，还是面部护理呢？"

客户："我朋友在这里做护理，我来看看。"（哪个是真正的需求？）

美容顾问："您朋友叫什么名字？（有必要问她朋友的名字吗？）在这里做得怎么样？"（有什么目的吗？）

客户："她在这里做得效果还可以。"（因为问的错误，这里沟通的时间是不必要的，也影响客户眼里美容顾问的形象。）

如果改变一下，这句问话可以怎样过渡呢？可以有两种方式："您的朋友怎样推荐的呢？""谢谢您朋友的介绍，请问她推荐您做什么项目呢？"无论客户怎样回答，答案都可以帮助我们进一步了解客户。

美容顾问："那您今天想做什么项目？"（太突然，可以委婉地问道："您刚才说想看看，我带您参观一下好吗？"路上可以深入问一下："您是想做和您的朋友一样的项目吗？"）

客户："不知道这里是不是有适合我的项目呢？我觉得皮肤太爱出油，有痘痘，您看我适合做什么项目？"

美容顾问："李小姐，您的皮肤爱出油，是吗？啊，这里确实有几颗痘，不过，不要紧，这对于专业的美容护理来说，是很简单的问题，很快就能够解决。请问李小姐，您这种多油情况时间很久了吗？"（直接重复了客户问题，很好。）

客户："一直这样，只是来月经时更严重。"

下面再以减肥为例：

美容顾问："王小姐，请问您是局部瘦身还是全身瘦身？"

客户："全身都想减，匀称些。"

美容顾问："请问王小姐，从前做过瘦身项目吗？"

客户："做过。"

美容顾问："您以前用的什么瘦身方法？"

客户："就是吃药和针灸穴位疗法了，我也不太清楚。"（请注意：客户将前期不能减肥的原因都说了。）

🅠 检查听到客户的声音了吗？

我们应该通过重复客户的问题向客户证明我们的认真和关心。像上面的例子，我们怎么化解客户的需求？现在能推荐产品吗？不能。因为没法推，她就是什么都说出来了，你也没法推。所以这个时候要告诉客户：减肥在效果上有的减少水分，还有的减少脂肪。减少水分，会有拉肚子的现象，然后很容易反弹。只有真正减少脂肪，才能保持好的减肥效果。在介绍减肥原理方面，尽可以放慢节奏，说清楚比不说好，说得令客户点头比令客户不信好。

那么，减少脂肪我们用的是什么呢？是意大利的消脂仪。在客户曾经经历过的吃药减肥和穴位减肥中，都有拉肚子、没劲的情况。所以，美容顾问在这里推荐消脂仪，目的是为了让客户放心，她不会再经历一次她从前的痛苦。但消脂仪呢，你可以介绍出处，它来自瑞士，它原来的功能是帮残疾人恢复萎缩的肌肉。但后来，康复学家发现，该仪器不但能帮助残疾人恢复萎缩的肌肉，还能帮健康人消除多余的脂肪。最后被引入美体界，成为一个科技明星。你对仪器的出处讲得越明白，客户听了越认可。

这个时候，我们一定还要提到另一个项目：中医疗法。因为大家都知道，凡是做减肥项目的美容院，都运用综合的手法和疗程，单一的效果不大。所以通常为了更加见效，都会用中医穴位按摩手法加上仪器来给客户操作，那么客户就觉得很满意。美容顾问介绍完了消脂仪，就要介绍中医疗程，为客户提供如何解决操作的疗程设计问题。

这里的核心就是保证有两个方案或项目令客户选择，要么同时做（增加了效果和耗卡），要么二择一（降低了被拒绝的风险）。

美容顾问："王小姐，请跟我来，让我带您参观一下我们新进的意大利消脂仪，好吗?"

客户："很好。"

美容顾问："为了加强我们的瘦身效果，保持不反弹，我们还给您设计了一个中医穴位经络疗法，帮您保持健康的身体和体内内分泌平衡，保证我们的身体在健康的情况下，不会堆积过多的脂肪，这两种方法您可以选择同时做，也可以分别体验它们的效果。"

介绍两种解决方案时，重要的是语速要慢，令客户听清楚，并给予肯定的结果。美容顾问绝不要停在自问自答上。

客户在这个时候会觉得美容顾问不仅专业，而且诚实，所以客户在这个时候会回答你："因为我想在结婚前就达到这样的效果，所以，时间是在一个月内。我希望到时候能穿上我早就看中的那套漂亮婚纱。"她的叙述准确吧？然后，美容顾问再给她出解决方案。"小姐，我想采用意大利消脂仪为您设计一个10次的疗程，通过电动消脂和塑型帮助您达到消耗脂肪、丰胸、提臀的效果，再加上中医穴位疏通的10次疗程为您减压排毒，保持肌肤的紧致和水润，还不会产生头晕无力等禁食或药物减肥的副作用，使您在婚礼上成为最美的新娘。"客户一般会听你的，因为她坚决要在当新娘那天最美丽。不要说"小姐，我坚决会为您减掉10斤"、"我们可以签约保证"等等，没有让客户明白你为什么能为她达到你承诺的效果就夸下海口，那和江湖骗子差不多，很难说服理性的客户。而非理性的客户又会因为缺乏对减肥的正确认识，而把全部希望寄托在理疗上，效果很难保证，后患无穷。还有一种就会说：

"我还没有想好。"后一种更多些。因为，很少有人在第一次来的美容院里一次掏出大把现金。客户需要时间和交流慢慢决定。美容顾问的心态和表现就很重要了。

检查自己提供的解决方案专业吗？

现在我们就可以为客户提供解决问题的方案了。怎么出方案呢？这个时候，顾问册就有用了。你可以在你的客户的单子上写：准新娘，要求一个月内就见效，所以我们提出两种方案。一是一天来一次，连续做10天，中医通经络疏导疗程，然后10次消脂仪做巩固塑形，同时，建议在后期增加做身体美白和面部美白项目或推荐产品。

第六步：再次确认，克服异议

接下来客户会问："多少钱呢？"

现在，客户反过来问我价格，那是说明客户已经信任我了。

我们就可以进入报价部分。而这也是最为关键的部分。一般情况，客户会说："好啊！"接着客户会主动发问："那，多少钱呢？"在实际推销中，美容顾问经常犯的错误是直接对客户说："消脂疗程减 1 次 980元，10 次套餐 9800 元；中医通络减 1 次 380 元，10 次套餐 3800 元。"

这不是废话吗，客户还不知道 10 次后面加个零？那么，怎样报价专业并为客户省钱呢？

客户的注意力集中时间很短，且大部分放在最开始听到的价格和最后的结果上。

记得先报出最低会员单次价格，再报出在客户选择的项目上成为会员每次可以节省多少钱。

美容顾问就可以说："如果成为我们的钻石卡会员，意大利消脂单次是 380 元/次，比疗程卡 980 元/次可以节省 600 元呢。"大部分的减肥客户都会直接开这样的疗程卡。"××小姐，我建议您根据您的时间安排，选择一个我们的 10 次或者 20 次卡。当然了，我们会根据您选的不同项目，赠送给您不同的身体特护。"

在这里，简单的销售封闭了客户可能开高额卡的机会。最怕的是销售中美容顾问通过推荐所做出的封闭动作。她使所有开出高额卡的机会消失，也令有实力的客户失去了享受更多实惠和好处的机会。

因为会员卡级别越高，客户获得的折扣越大，获得的好处越多。我们得到的现金越多，留住客户的机会越多，时间越长。（当然，没有好的项目进行消耗的时候，也意味着高负债。）通常你报出了会员价，要做一下停顿，客户会不自觉地问出："什么是会员卡?""或会员卡是怎样卖的?"

这里在报价部分出现了一个转折。

我们由以客户为中心的项目转向了以会员为中心的项目介绍。

美容顾问打开顾问册说："请看，这是我们的会员介绍和优惠。每个不同级别的会员享受的待遇和折扣是不同的。级别越高，好处越多。"这个时候停住，让你的客户看到你找出的让她必看的那部分。你翻开，她就只能看这个部分，而不是让她乱翻，乱翻会扰乱她的注意力，让她不知道该选什么。这样客户看到美容顾问指给她看的部分，她就会评估她适合哪一种。然后，她的眼睛会停留在她感兴趣的那部分。美容顾问要抓住这个机会进行判断和推介，瞄准客户关注的会员卡或项目进行赠送和超值介绍。

"您看您对金卡还是银卡感兴趣呢?"通常客户会对会员级别的中间卡做出选择。"那我就开个 2 万元的银卡吧。"任何关键环节的介绍，采用二择一的问题让客户进行选择，成功率会更高。客户会问："10次多少钱呢？"美容顾问已经可以知道客户的选择了。美容顾问应马上回答说："10次卡9800元，比起单次1128元每次也省148元呢。"

在这个环节，开会员卡是打开了销售所有可能的机会之门。

这就相当于你使用了一个开口向上的漏斗，从客户买单的总额上看，口子开得越大，进来的可能越多。美容顾问既要有抓住客户注意力的能力，通过问话及反应，也要有开网捕鱼的技能，才能够获得大鱼。最后，我们最低的结果是客户一次性买单，最好的难以估计。这样带来的机会远比一次性卖个试做要好得多。

在最后的成果部分，倒不一定是以各种会员卡的销售结束。对此，我们要有充分准备。很可能是少数干脆的人开了会员卡令美容顾问惊讶于客户的决策和有钱；一部分人开了疗程卡比较省事，更多的人选择了试做或体验一次。这都是正常的现象，符合收入金字塔原理。但是应该避免在销售过程中直接替客户选择价位或推出用自己认为合适的产品。避免用自己的收入评估客户的买单能力，是专业的美容顾问不能忘记的原则。

所以在报价的环节上，重要的是持之以恒的坚持从最低到省多少的结构报价公式，而不是任意省略谈判环节。在此阶段保持缓慢和从容的节奏，这和介绍解决方案是一样的。

在结果环节上，永远关注是否错失机会，或者封闭了所有可能，这才能坚持使用技巧获得专业的结果；而不是按照惯性销售。惯性永远是简单的动作重复，技巧永远是警觉的意念觉察，在明了客户物质和精神两方面的需求基础上，美容顾问才能获得能力的提升。

第七步：技巧报价，专业促成销售

一般美容顾问在促成环节容易犯的错误就是，当客户选择了她要开的卡之后，美容顾问会一个劲顾左右而言他，就是不和客户谈价格。这里既有心理障碍，又有不知如何谈价的烦恼。而大部分客户都不会

> 那些出类拔萃的人正是在生活的早期就清楚地辨明了自己的方向，并且始终如一地把他的能力对准这一目标的人。
>
> ——爱德华

直接问："那我如何交钱呢？"客户郁闷得不知道该怎么办时，就会很快告辞。所以常常出现这种情况：到最后美容顾问发现客户没有交钱就已经离开了，只得坐在那里面面相觑："哎，她不是说想要买卡的吗？谈得好好的，怎么走了呢？怎么就不交钱呢？"

我们有个学员说：一个客户说要开一张卡，连续来了4次，都没有交钱，不知道怎么办。我说："你们演示一下，当时你们是怎么做的，好吗？"

于是，这个学员叙述了当时的情况，美容顾问对客户说："刘姐，您看今天续卡好吗？"客户说："好啊。"接着美容顾问就开始等着客户交钱。为了避免尴尬，开始和客户谈刘德华怎么样，张柏芝怎么样，一直聊，聊到客户走了，美容顾问还不明白错在哪里："怎么又不掏钱呢？"下次客户来，还是一个样子。

我说："这简直就是荒唐，为什么你不直接对客户说呢？"那学员请教说："那您说怎么办呢？朱老师。"我说："这太简单了！下次客户再来，你就直接告诉她：'刘姐，会员卡上没钱了，今天办一下续卡好吗？'客户肯定说：'好啊，续卡啊。'你就马上说：'我现在就帮您办理，请问，现金还是刷卡？'"学员说："那多不好意思啊！我们另外的老师说，让我们跟客户不要谈钱。"我说："那你开美容院是干啥的啊？

不就是让客户掏钱的吗？这时都不能让客户掏钱，就是我们的美容顾问不专业！"

认为不能和客户谈钱，一谈钱客户就跑了，是我们心虚，不认为我们对客户有价值，内心里只有钱的人往往不敢谈钱，钱是个好东西，能够令客户变得美丽，使我们的服务具有价值。不能在让客户掏钱时有罪恶感。

后来那个美容顾问最后直接问她："现金还是刷卡？"客户说："钱都带了好多天了，也没有人让我交。"结果是客户连续来了 4 次，没有人让她交钱，很生气。这要换成是力量型的客户，准定生气，说不定会把老板都骂一顿：怎么这美容顾问这么差！要我交钱都不会！但是和平型的客户会等着，等美容顾问提出要交钱的要求，否则，她永远都不会主动问怎么交钱的。

因此，美容顾问在拿出顾问册，让客户选择了之后，一定要学会促成。促成时没有话，没有动作，能不能成？不能。不促不成啊！当然，促成是建立在解决了客户问题的基础上。没有解决问题的促成，是一定会碰壁的。"现金还是刷卡？"这个问句很明显还是一个二择一问话。但你不能问："有钱吗？"回答应该是："没钱。""现在交钱好吗？"回答是："我要再考虑一下。"能不能这么封闭式的问？不能。因为如果这样问，80%的客户会下意识地拒绝或者说出："等一等，我再考虑一下。"或者说"对不起，我没带够钱"。如果美容顾问问"现金还是刷卡？"客户下意识地就会回答"现金"或"刷卡"，而不是说"等一等"或者干脆逃跑。

促成时机出现时，就是短暂的沉默时。一般为了避免沉默带来的尴尬，要么美容顾问开口，要么客户离开。有经验的美容顾问会抓住机会，在沉默出现之前，进行提问，"现金还是刷卡？"或"我带您去交款

笔者亲自下店指导学员

还是代您交款?"假如您的美容院不能刷卡时,换一种说法也一样有用,有神奇的作用。

报给客户价格的时候,先要报最低的单次价格。

检查报价的技巧你掌握了吗?

通过具体案例,熟悉一下报价过程。

客户:"我眼部发干,眼角发痒。"

美容顾问:"噢,小姐,您的眼部问题确实比较严重。(没有重复客户的问题:眼部发干,多久了呢?)我们公司有三款产品,针对眼部问题都有特效。一种是来自法国的茉丽精油,一种是羊胎素眼霜,一种是我们的仪器叫冰球眼部收减。(最好给客户两种选择,三种已经不知道选哪种了,反而影响推荐。)请问,您是想一次就有显著的改善,还是想缓慢地缓解眼部的发干和发痒呢？（客户还不了解就让客户选择是偷懒的表现。）您看我给您具体介绍一下好吗？"

客户："一次性用什么？慢慢见效又用什么？"（额外的枝节只会增加交流的环节，还容易暴露美容顾问的不足。）

美容顾问："小姐，如果您想一次性就见到很好的效果，我建议您用一个羊胎素的眼膜再加上冰球护理，它会对干、痒造成的不适起到强烈的舒缓效果。如果您的时间充裕，我给您推荐一个精油产品，它对您目前干、痒的情况也会有明显的滋润和改善作用。"

接着，美容顾问就应该翻开顾问册的这两个方案涉及的项目介绍，让客户看。

这时候客户看起来有目的，精神也容易集中。客户一般看什么？价格。这个时候你没有和客户谈价格，客户这时候看的是精油480元/次，冰球430元/次，羊胎素230元/次。知道吗？客户不用你说就自己看到了各种产品之间的价格和价值，她会评估自己的钱包，选一个最适合自己的项目，然后对你说："我还是要一个精油护理吧！"

接着美容顾问就说："小姐，看来您很了解精油的效果啊。我建议您在做一个眼部精油护理的同时，顺便做一下面部美白护理，这对脸部的放松和眼部的恢复很有好处。当然，我会送您一个唇膜，让您的眼部和唇部都一样的娇嫩。您看如何？"

然后你会听到客户问你："做一次多少钱？""做长期多少钱？""有没有优惠？"客户会直接议价，客户议价的时候就说明客户已经动心了，就等着跟你谈价了。

但往往我们的美容顾问在这里又犯错误了。一种是兴高采烈，急于把价格告诉客户："开一张卡5800元。"客户当时就懵了：太高了！吃人呐！抢钱呐！所以在这里，一定要切入单次最低会员价格。

例如说："如果使用我们的精油产品，一次最低会员价 68 元。但是如果您不是我们的会员，单次是 198 元。"请问，客户记住了什么？68 元。客户最擅长记住的是听到的第一个价格。所以，如果你第一次就说 5800 元无异于自杀，而你说首次会员价是 68 元，她就记住 68 元，然后她的思维准往 68 元靠，最后就是会员的省钱模式介绍了。

看看我们的习惯，先说的往往是固定的价格。一个最大的数字，吓死客户再说。第二个价格才是优惠价，一般客户从未听见，她还沉浸在第一个高价当中。对不对？所以这个是大家练习中必须改正的：报给客户价格的时候，先要报最低的单次价格。停顿，让它在客户心中引起震动。这是一种心理技巧，但并不是不诚实。

到这里为止，我们已经学习了美容顾问销售的七个步骤，希望我们的读者能够通过练习和倾听自己的接待录音掌握基本的步骤。

❂ 还有另外一些情况值得注意：

如何让打咨询电话的客户进店呢？

有些时候，销售不是面对面，而是通过电话咨询。

遇到这样的情况，客户没有来到美容院，而是直接通过电话咨询做一次护理多少钱。

很多时候，美容顾问就直接报一个项目的价位，只听电话那边说："太贵了！"然后就挂断电话了。很多广告白投了，很多线索中断了。只是一句话而已。我们没有注意到接电话的目的不是销售，而是建立客户和你的信任关系。如何能避免这种情况发生，又满意地回答客户的咨询呢？

我们要动脑筋思考，美容院有那么多产品和项目，哪个是适合这个客户的呢？不负责任的回答是不专业的表现。所以美容顾问应该问：

"××小姐，请问您想咨询什么项目？因为每一种项目我们都有不同系列的产品，价格也是不同的，如果我能够知道您的皮肤情况，恐怕推荐就会专业一些。您什么时间方便过来一下呢？"

因为你的目的不是为了告诉客户价格，而是让客户过来。而且，这样的回答会让客户觉得你训练有素，而且很专业。

客户："我就想咨询普通的护理。"

美容顾问："最低会员价68元。"

客户："什么叫会员？"

问题就是需求，需求一旦出现，你开始获得了会员卡销售的机会。专业不仅在于你能判断客户要什么，也表现在你能帮助客户判断她要什么。

我曾经看着报纸打美容院的电话咨询，而我们那些缺乏训练的美容顾问往往就会回答："试做价38元。"我在心里想：38元能做什么，试做什么呀？不管你做什么，这38元就等于是免费，免费的你去吗？这就是为什么我们打了广告，没有人上门的原因。因为听过你的回话，有基本美容知识和专业素质的人就会说："不专业，是个陷阱。"当然，也绝对不会上门！

成交后又要注意什么呢？

对一个美容顾问来说，假如你的专业足够符合七步骤的逻辑要求，一个客户在你的手上签单了，这还仅是个开始。在这个时候，客户对美容顾问的行为和美容院的环境的注意力升到最高点。因为客户始终在观察美容顾问的表现怎么样，她有一个固定的思维定式，认为交了钱就自己说了不算了，美容顾问就有可能会翻脸不认人，所以她这个时候高度关注美容顾问，但一般的美容顾问都会在这里"栽跟头"。为什么？因为客户已经把单买了，美容顾问的销售已经完成，心里的石头也就落了地。紧张和注意力对美容顾问来说，此时已经降到最低点，在表现上就很懈怠。

我曾经观察我们的美容顾问在客户买单之后，跟身旁的收银员抛眼色，那意思是说："看，又搞定一个。"事实上这时候客户严密监视着美容顾问的表现，结果是在刷卡的那一刻把钱又从美容顾问的手里要回来了。因为客户一旦觉得自己不受重视，就会随时找碴准备将自己的郁闷发泄出来，因为她觉得上当了，觉得美容顾问无非是花言巧语骗自己的钱。所以，在这里，我们要求美容顾问要把注意力始终放到服务客户上。

你可以微笑着说："王小姐，请您跟我来，我带您去做我们的首次项目。这是我们的美容师李小姐；李小姐，这是我们的客户王小姐，请您带王小姐去做××项目的护理。王小姐，我会在这里等您，一会我们再见。"

人家客户就会在心里说：这钱花得值，还挺不错的。因为客户需要评估美容院的管理是否专业，交的钱是否值得。所以，如果客户注意力的最高点是美容顾问注意力的最低点，那交易就必定会出现问题。所以这也是为什么大部分的客户都不续卡的原因，因为她对美容顾问前后表现出的人品的反差太大而有了疑惑，所以她坚决拒绝和美容顾问成交。

为什么老客户不续卡？

你如果在客户开卡和消耗的时候，表现同样热情，她就会用信任再次买单。

前面讲的都是新客户的开卡和新客户的介绍，美容顾问还有一个任务就是要对消耗负责。客户开了卡，却不来，来了却不消费，或消费完了，却不续缴费。这些都是继续销售的问题。

有一个美容顾问，服务一个客户很久了，结果客户消耗完了，就是不续卡。她很苦恼，问我："朱老师，每次她一来，我就问她可以考虑续卡了，她都不怎么理我，要不就说没时间，再说。我该怎么办呢？"我就问她：如果你的热情只限在客户掏钱开卡的时候，而之后你从来都不关心客户也对客户很平淡，你谈续卡的时候，客户认为你只为了钱，那客户永远都不可能续卡。为什么？因为她觉得你的热情是为了钱，而不是为了她这个人，建议不妨换一种方式，你不要跟她谈续卡，她来了你就去帮她拎包，然后陪她进入美容室，嘘寒问暖，一个字都不谈续卡的事情。第二天这个美容顾问就在电话里对我说："朱老师，简直出奇迹了。"我说："怎么了？"她说："客户一来，我就送她去美容室了，直接问：'李姐，今天这个项目想要谁给您做啊？'客户指定了美容师之后，我就客气地对客户说：'那您先做护理，我在外面等您。'"这是这个美容顾问跟这个客户三年来的第一次。结果是客户做完了美容之后立即就找她续卡了。她说："朱老师，我心里就是不明白这是为什么。"我说："不为什么，因为客户心里有一个结。你这次表现得令客户觉得自己受到了你的重视和尊重。她也不想离开美容院，只是心里有抵触。现在，感觉好了，续卡是正常的事情啊。"所以，美容顾问的后续跟进非常重要，跟美容师要交接紧密，而且要加强客户对你的第一印象，最后，就是当她每次来都不掏现金，她在做每个项目的时候，你都同样热情，服务不打折扣，这是专业美容顾问的标准。

但是我们美容顾问常犯的错误是：有现金，特热情；没现金，一般。这所谓的一般，要么是因为心情，要么就是很冷，要么就是很平淡，反正没有客户掏钱时候热情。那不就是向客户证明我们就是认钱吗？这怎么可以呢？

当你过度透支客户信任时，让客户再续卡也是非常困难的。

还有一种情况就是过度销售，使客户对一切项目都已经麻木，在短暂的试做后，还没有看到效果就已经又开始推荐客户体验另一种项目。这是因为美容顾问推荐任何项目时都有一个目的：快点消耗或增加来店的理由。这使得客户没有从护理角度体验到项目的效果就已经放弃了该项目。美容顾问再推荐时就非常困难。客户会直接拒绝："我做过了，没效果。"很多时候，透支客户信任的另一个后果，就是浪费了新项目的市场空间，这也造成许多美容院花重金引进仪器却没有收到最好回报就束之高阁或被美容顾问称为"卖不动"、"不好卖"的原因之一。

当美容院的项目老化，缺乏新项目时，也会为消耗和续卡带来不便。

几年了，还在卖着同一款产品和几个仪器项目，客户已经失去了新鲜感，也会带来审美和消费的疲劳。这就要求美容院争取年年都有新项目引进，引进时要能够满足最有消费能力的客户需求，而不是满足所有人，在设计新项目时，如果能够考虑到客户类别和可能的回报，就有可能在促销上和销售额的回报上得到满意的结果。

前提是，美容顾问对自己的客户了解如何？知道客户需要什么吗？能够看到客户的消费空间吗？

美容顾问销售报价中要注意的重点是什么？

美容顾问销售的策略是有重点，抓卖点。如果说卖点是针对不同对象对产品和项目功效的需求的深刻理解和准确的说明，那么美容顾问销售的重点就是给客户提供一个合适的省钱和超值的价格套餐。

> 推销产品要针对顾客的心，不要针对顾客的头。
>
> ——销售格言

美容顾问必须要知道哪个产品卖的最好。一般来说，市场上的产品，最高价格的总是卖得不太多，最低的卖得多也不赚钱，就中间价位卖得最多。为什么呢？不管你是多少钱，为什么？因为客户的心理就是：一不要太高，不要充什么有钱人。二也不能太低，万一效果不好怎么办？

所以，客户根据取法其上，得乎其中的心理认为价位适中的肯定是比较保险的。只有受到客户关注的"中间"项目才是量大又有利润的，你才会盈利。那么这里就有一个问题了，如果你设计的这个"中间"不合适，你推荐它吗？这么多产品，哪个是帮你赚钱的？哪个是帮你做销量的？这些一定要根据客户的消费水平作分析，才能有比较合适的定价。

当然，美容顾问不是老板，也许没有定价权，但是，假如一个美容顾问顾而不问，最后的结果就是这个月促销什么，美容顾问就推荐什么。而促销的产品又大部分以打折做号召，永远是没利润的。同时，美容顾问如果不懂哪个产品对公司来说是利润最大的，她就会忽略对不同客户做专业介绍的顾问职责，不会因人而异，而是狂推促销和特价。这对拉住新客户不无益处，对老客户却伤害很大。她的优惠比起促销的优惠简直不在一个水平上。那老客户就会怀疑自己的选择。为什么买会员卡呢？等着做促销时再买不更划算？所以大家看，现在各美容院卖得最好的都是打折的、试做的、免费的，这不是无用功吗？如果你一个680元的项目，促销的时候做成68元，你还要给美容顾问2%~4%的提成，那老板就有问题。更大的问题是客户的流失。因为乱打折带来的伤害和不信任使大批客户离开美容院。所以，真正的美容顾问会在客户分析的基础上，向老板提供关于价格体系和促销的建议，并能够在不同的客户身上推荐不同的项目，绝不是盲目促销，而是理智销售，理性诊断，热情服务。

打折不会带来增值的感受，只会降低产品的身价。

作为消费热的美容业务，已经进入高增长阶段，同时，利润空间也在下降。大批美容院不管什么模式，都陷入了打折泥潭不能自拔。

> 别让贪婪者遮住你的远大眼光。
> ——**格言**

假如，在美容顾问推荐会员卡时，美容顾问回答客户：我们的钻石卡享受4折，我们的金卡会员享受5折等，卡额越高，折扣越大，还是可以理解的优惠。但千万不要打着打着就2折了。为什么？因为客户会觉得价格和价值不匹配，差距越大，客户心里的反抗越强，怀疑越盛。所以，在客户问价的时候，一定要说出最低折扣价的单次价格，这要建立在产品价格体系是合理的基础上。也许只是在你的专业顾问销售的过程中，让客户的心里打下一个关于价格能否承受的定义。

除了价格优势，还有哪些增值服务使之与众不同？而这后一点尤为重要。这样才能令会员成为长久顾客，才能留住客户。

接着再跟客户谈：为什么成为会员是这个价，而不成为会员就无法得到这些优惠。在会员卡的销售中，如果你的会员享受是零，或者会员卡的享受只有打折，这就是错误的。为什么？会员越打折，贬值的可能性越大。所以，真正的会员卡是让它增值，有荣耀感；如果是会员就打折，最后这个会员卡就是垃圾，没有人愿意为贬值的东西掏钱。所以很多会所无法让会员续卡，是因为它没有为它的会员提供增值服务，而是让它会员的会员卡不停地贬值，这样怎么能卖卡呢？所以，会所一定要告诉会员，她们都享受什么样的待遇，她才有可能从口袋里掏钱给你。告诉会员：如果成为会员，单次是什么价格；如果不是会员，单次又是什么价格。除了价格优势，她还有哪些优待使之与众不同？而这后一点尤为重要。这样才能令会员成为长久客户，才能留住客户。但美容顾问还有一点要注意，客户开了卡之后，消耗了吗？如果不消耗，那是非常可怕的事情。这个时候，对于会员和非会员的价格比较要鲜明。建议拿一张白纸将会员最低折扣的单价和非会员的单次价格写下来，让客户自己比较价格，告诉客户能省多少钱，比告诉客户开卡有什么好处更能让客户放心，因为她会觉得你是在为她着想。但是你不能拿着你的会员卡让客户自己计算，她不管怎么算都是她的钱，而且，她也不喜欢自己算。所以说，你要在旁边，将你能为会员省钱的地方写下来，就会强烈地刺激我们的客户，她就会觉得："哎呀，能省这么多钱。太好了！"不但省钱，还省事，不用每次护理都买单。但是，会员的这种好感不能因为一个月一次的促销打折而损失，是我们应该引起注意的大问题。促销假如跟折扣和优惠有关，就要控制在一定范围内，只能让会员感到身价倍增的促销才会唤起其他人对成为会员的向往。

同时，也要避免增值服务的过度导致客户反感。

用最细微的感受为客户提供感觉超值的服务。而不是只追求快速买单打发客户离开，因为所有的女人都感性，你不描述她就无法感受产品或者服务的好处。但是我们也反对美容院对待客户，不管是不是会员都免费包办，随时享受打折或优惠，甚至还给所有人提供免费的亲子教育讲座、明星演唱会、健康讲座、通过手诊及虹膜诊断卖保健产品，任何产品的推广都召集你的全部客户来听课，然后买单。讲座和促销缺乏对象的针对性和活动的目的性，既扰乱了客户的正常美容消费，也容易无限制增大成本，而无法给会员一个超值感觉，这就是非常低级的被别人利用的渠道营销。

活动做多了，才发现客户有了免疫力，怎么打电话也不上门了。

第二单元　把握人性　创造奇迹

客户性格分析

活泼型

力量型

完美型

和平型

第十一章　客户性格分析

假如我们有一个综合判断的工具

能够帮助我们了解他人

我们就能找到走向他人心灵的钥匙

我们都知道，人和人是不一样的，但在判断上，我们又习惯用自己的习惯评断他人。这给我们的人际交往带来许多困惑。假如我们有一个综合判断的工具，能够帮助我们了解他人，我们就能够找到走向他人心灵的钥匙。学习通过客户的行为

> 如果你干的是一件恶心的活儿，如果认真干下去，而且尽量干好，你八成会得到提升，再也不用干那样的活儿了。这比当个无用的人胡混下去强多了。
> ——艾伦·纽哈斯

表现判断客户的行为类别，就能够帮助我们更好地接待客户，用她容易理解的方式。比如，许多客户在听了美容顾问的介绍后就说："我想看一下产品。"这个客户是视觉型的，她必须看到产品和批文她才放心，否则你说话就没有意义，试图用诉说来和视觉型的客户打交道就是废话，她听不见，必须给她看。

还有的客户是听觉型，她对美容间放的音乐特别关注，当然对美容顾问的语气、语音也十分看重。我们就要注意自己的发音和态度。

也有的客户是感觉型，总是用"我觉得"来说话，那么她重视美容顾问的态度和环境的舒适。

如果是个分析型客户，那美容顾问的话语和介绍如果不严密，不符合逻辑，就容易被客户"修理"。客户认为水平如此差怎么可以为我提

供服务呢?

如果客户是专家型客户,这种客户很常见,经常帮助我们成长。但是有很多这类客户是以提问和投诉来表达自己的看法的,这令很多人不满意,认为这样的人是"三八婆"。不好打交道。实际上,越挑剔的客户越忠诚,也越锻炼一个人的专业水平。

所以,我们在这里向大家介绍四种性格类型。把这种性格分析当成一个实用的工具,用在我们的客户服务当中,会令我们的服务更有针对性。你是一个什么性格导向的人?每当问到此处,一般人就会说出,我性子急,我脾气大,我很温柔,等等。其实,每个人因为性格的主导倾向不同,表现在接人待物和行动着装上都有很大差异。所以,中国有一句老话:江山易改,禀性难移。

我们先简单了解一下四种性格类型:

第一种叫做活泼型,外表穿着鲜艳、时髦,说话先声夺人,往往以招呼语"哈喽"开头。

第二种叫做力量型,外表穿着稳健、少变化,说话以命令语"我"开头。

第三种叫做完美型,外表注重搭配和饰物的利用。说话以问句"有人吗?"开头,典型的完美型不问不说话。

第四种是和平型,外表随和,休闲装是他们的首选,不爱说话,如果说话经常也是"好的"、"可以",不发表反对意见。

每种性格都各有优缺点,优点就是你被别人喜欢而且别人不及的地方,缺点则会带来负面结果。但世界上没有完美的人,所以我们要找出自己的优点,修正自己的缺点,并把别人的优点和缺点一起看到,从中找出与人接近的方法,人生就变得容易成功了。不然的话,我们就会犯

"武大郎开店"的错误。兼收并举，是你心里已经对人性有了深刻的了解才能够做到的。否则，我们就是以个人喜好判断人了。而这对一个做销售的专业人士来说，路子只会越走越窄。

人的个性是与生俱来的，但是人的性格也是有规律可循的，这个规律不是说这个人完全就是这个型，大部分人的性格是混合型，就是随着生活、经历和阅历的发展会变得比较多元，就是说我身上既有活泼的成分，也有完美的成分，也有力量的成分。

四种性格放在美容顾问和客户的关系上，表现是活泼型为主的美容顾问很受客户欢迎，因为非常具有亲和力，很容易接近客户和被客户认同，聊得热烈不等于开卡很快，有些美容顾问只热衷谈闲，却不紧密谈钱。有的活泼型美容顾问甚至很怕谈钱。这种类型的美容顾问就要在活泼令人喜欢的同时，掌握销售的关键步骤，化亲切为专业才好脱颖而出。

力量型的美容顾问比较容易说服客户，但是很多力量型客户都不屑于被美容顾问命令，因为她本身也要做主；反而和平型客户容易被力量型美容顾问征服。优秀的力量型美容顾问遇到爽快的力量型客户时，成交之快令人不敢相信，且单子额度都很大。相反，遇到完美型的客户，力量型美容顾问就很郁闷。

完美型美容顾问，能力很好，让客户买单的速度慢了点，容易被活泼型和力量型的客户认为啰唆，要加强自己应对不同客户的差异化策略。

和平型美容顾问，性格温和，如果客户爱你居多，你和客户成交可能很慢，因为你人好，客户会因为爱你而掏钱。但是，单纯的和平型不适合做美容顾问。你不推她，她不动，你推她，她也难以动出结果。

我在做企业内部系统的管理培训时，一家国企的干部大部分都是以和平型为主的性格，两年之后，国企转型了，再对干部进行测试，发现很多人变成了力量型，学会当领导了。所以性格是可以变的。不变和变，取决于一个人的生活阅历，但主要倾向会不会变呢？不会。骨子里的个性是不会变的，只不过在不同的场合表现有变化而已。有些人在外严肃沉默，好像力量型；在家怕老婆，又是和平型了。许多时候，人是两面或是多面的。这就是人性的复杂之处。

一、聪明人没干成大事，是因为太完美、太理性的分析，使她很难做出行动的决策

从态度上看，比较优柔寡断的结果，是由和平型与完美型这两种性格造成的。和平型：和蔼可亲，老好人，很有亲和力。口头语是：现在这样就挺好！和平型你要让她变化是很难的，她坚决不愿意变，但和平型是人群中的大部分。员工当中特别是美容师当中，和平型最多。她的缺点是什么呢？推一推，动一动，不推不动。因为她就愿意安逸，不愿意折腾事，看见活泼型她心里就奇怪：折腾什么呀？这不挺好的吗？虽然她有时会看不惯，但是她不说。说的是谁呢？完美型。经常对别人发表意见的是完美型。完美型的外号叫"问题专家"。她很会挑刺，但在我们日常的人际关系中，会经常被排斥，认为她很难接近，满肚子都是问题，那是她的个性使然。她经常会问的是：真的没问题了吗？完美型的思考是极其系统的，她最容易做策划专家；但这也是她的缺点，她的缺点是三思而不行。她会用 10 年或者 30 年才做成或者想明白一件事，她很会想，享受的是想的过程，但就是不愿意或不能行动。

完美型喜欢系统思考

二、完美型是考虑、考虑、再考虑。
活泼型和力量型则是行动、行动、再行动

大家可以从我们小时候一起念书的例子看出来，班上最聪明的人一定不是万元户或者百万富翁，为什么？因为最聪明的想的多做的少，而最不会思考的那个活泼型或者力量型则满世界"哇哇哇"乱转，一不小心就成功了，过得还挺好；完美型的人这时候还在想：这就是因为她家祖坟上冒了青烟了。因为活泼型和力量型是行动、行动、再行动，而完美型是考虑、考虑、再考虑。别人都满世界跑了一圈了，然后她站在一边说：我20年前就考虑到这个问题了。对不对？所以说，你光考虑却不做，那就等于零。这个世界认可行动的人，聪明人没干成事，是因为太完美、太理性，所以她很难做出一些事情。

但是完美型的人做美容顾问就很厉害，如果完美型的人做客户，那她的难度系数就是五颗星。为什么？完美型的人是这样挑刺的：美容顾问介绍说：这是我们从意大利引进的××，它会利用中医和穴位的疗法，帮助您达到减肥的效果。完美型就会问：意大利什么时候懂中医呀？不像和平型，一边听可能还一边嗯个不停；也不像力量型说：别给我说意大利，我要美国的；因为力量型是唯我独尊、只求结果的，她会告诉你她想要什么，你就给她什么好了，不要跟她啰唆。所以，我经常开玩笑说，力量型只有两条路可走：一个是当领导，有人给她指挥，让她觉得有成就感；还有一个去处是监狱，因为她想行动和管人啊，如果恰好她智力不发达，管砸了，不就出事了吗？因为力量型是行动、行动、再行动；做领导做得很好的也是行动型的，所以她能当头领。但力量型会被完美型评估说：这个人怎么那么独断？这么没有头脑的人为什么会成功？完美型的她一直研究这个，因为她的兴趣是研究。完美型和力量型对话就会出现这种情况，完美型说：这么傻的人怎么也能成功？然后力量型说：这人怎么啰唆成这个样子？明白吗？一个是求全求系统的缓慢思考导向，一个是行动要结果的速度执行导向。

力量型总喜欢掌握方向与行动

三、力量型的美容顾问因为要结果，所以忽略了过程

如果老板是力量型，手下就很容易成长，也很容易辞职。如果有完

美型的部下，老板说："赶紧，明天出个三八节的方案。"完美型的员工就会心里嘀咕："早先干什么去了？二月份就该出三月份的方案，明天都三八节了，我出不了。"因为完美型会觉得：什么都没准备好，我怎么出呢？然后力量型的老板会说："让你去做，你怎么还没做呀？"完美型员工说："对不起，我做不了。"老板说："那我来做。小红，打字，三八节客户免费试做新项目。老会员，回赠一个面膜；新会员，优惠开卡。"写好，挂上。然后客户进来一看，呵，有优惠啊？那我开卡吧。然后老板乐着说：你看我做得多好。完美型在那儿气得哼哼：这也叫方案？既不知道要多少人，也不知道赚多少钱，更不知道亏多少钱。然后第二天对老板说："老板，我不干了。"因为她做不下去了，她觉得老板太没逻辑了。知道吗？力量型的老板因为要结果，所以忽略了过程，但这并不是她不听你的，而是她的性格让她先行动后弥补，所以力量型的老板一般都有完美型在后面帮她收拾残局才好。

但是不幸，如果老板是完美型，部下是力量型，这个力量型的情商一定要高，否则一推把老板推倒了，老板就会把力量型踢出去。一个力量型熬不住，受不了，她要行动啊，所以，让她什么也不做，就准得崩溃。如果老板不决策，她就会叫：老板你怎么都 10 天了还不做决策呀？完美型因为总在思考哪里还有问题，所以她甚至可以 10 年都不做决策。

活泼型非常具有感染力

四、活泼型的思维特别跳跃，有感染力，也许要把别人的事当成自己的故事来讲一下，好玩

活泼型的外号叫开心果，最擅长交际。那么如果给各类性格的客户在我们的顾问生涯当中制定难度指数，大家可以看：完美型难度系数最高，五星级，说服她们用的时间最长；力量型是四星级，说服她们所用的时间最短，搞定力量型的客户不需要花太多时间，只要把握住她的心理过程，所用时间是非常短的，但大部分的美容顾问都可能会被力量型的人"修理"，她需要控场；活泼型是最容易搞定的，往往一认同美容顾问就嚷嚷着买单的人一定是活泼型。

前边讲了四种美容顾问的性格，那么四种客户什么特征呢？这些客户如果进入到我们的视野，我们怎么判断？然后怎样跟她做销售呢？

我们来看看她们的特点。活泼型的客户衣服穿得特别鲜艳，装饰鲜明而前卫，头发的颜色多变，今天染了这个颜色，明天就可以换另外的颜色，她最喜欢变化，对吗？刚流行尖头鞋，她的圆头鞋就已经不见了，包很小巧、鲜艳、时髦。总之，她就是时尚达人。而且，最大的特征是进门先开口说话，而且速度很快，动作很夸张，很有号召性。比如一进门就说："哎呀，你们都在啊？我好几天都没来了。"然后只听力量型的顾问说："你来有事说事，犯得着这样大声嚷嚷吗？"然后，另一个活泼型美容顾问马上就冲上去了："哎呀，想死我啦。"完美型的在旁边说："真虚伪。"活泼型总是最先开口的，常以"嗨"、"你们"开头，因为她有亲和力。她打了招呼却没人答应或呼应她的热情，可以想见，她的心情会怎样？

活泼型最怕的是什么呢？她们最怕被忽略、不注意她。所以对活泼型的客户要热情地跟她打招呼，她说什么都要给予肯定，说话的速度要跟她一个样子，她眼睛放光，你也要眼睛放光，这样才会让她觉得你是她的知音。但活泼型有一个最大的缺点：混乱。她一分钟内能想三个点子，结果她说起话来被完美型视为无稽之谈。因为她太善于幻想，经常将别人的事说成自己的事，比如很多地方本来就没去过，可能说着说着她就去过了。然后别人说她撒谎，品行有问题。实际上这是由于活泼型的思维特别会跳跃，有感染力，硬把别人的事当成自己的事情来讲。正是由于这样，完美型的人认为很荒唐，于是说活泼型的人品行很差。但是没办法，活泼型的人就是说了就做了。我们有个老总是活泼型，说中午要请我吃饭，我虽然答应，但不理会，该干啥干啥，等到中午，果然她说：她因为工作忙得忘记要请我吃饭了。因为我是完美型，我知道会这样，所以我不管她。但是我不会跟她生气，因为活泼型的人就是无论她这时说了什么，转过身就忘了。

所以如果我们的客户里有活泼型，你不要埋怨她失约或者干脆忘记，那是性格问题，不是品行问题。当你对一个人的性格了解得越清楚，你就越能包容，态度就会变得很好，很有修养。活泼型的口头禅是：快活每一天！对于活泼型的客户，我们美容顾问要回应她、称赞她，不要忽略她，最后你跟她谈生意就很容易成交，或者都可以省略什么产品啊、效果啊，直接告诉她：最时髦、最有效，而且你最喜欢的那个××都做了。你跟活泼型举例子，然后她就会惊奇或者很有兴趣地说："是吗？是吗？那我也做。"活泼型决策特别快，她很冲动。所以当她决定的时候，你马上要说："现金还是刷卡？"所以，当美容顾问碰到这种特别容易买单，而且并不喜欢跟你纠缠的客户，准定是活泼型的客户。

对待活泼型的客户不能用我们学的七个步骤，那样会令她越听越想睡。最后她可能还会说：好闷，好乏味。因为她最想听的是现在最流行什么？最时髦的是什么？最有效的是什么？或者都有什么她认识的、喜欢的、崇拜的人都流行用这个，她就会很乐意和喜欢。

活泼型的人很少发问，因为她要说话，不像和平型永远不问也不说，就等着你去引导。活泼型还有一个缺点是说话没有轻重，比如说：哎呀，你长得好漂亮，我很喜欢你。这是活泼型说的，但是活泼型如果碰到力量型说这样的话行不行呀？坚决不行。你对活泼型的人说：你的服装真时髦，你的头发真漂亮。她肯定高兴得要死，认为你是知音。以前我工作的公司，有个老总，对我说：朱总，您看我这个衣服怎么样？我说：我不认识这个牌子。皮带呢？也不认识。然后另外一个女朋友马上说：哎呀，你这皮带是都彭的，你的衬衫是什么品牌的。然后她俩马上一起谈时尚去了。我就只能在一旁说：呀，你们不嫌俗啊。她们却笑我土呢。所以我们的美容顾问如果在接待活泼型客户的时候，一定要很重视她，说：哎呀，××老总，您这包得6800元吧？她会立刻就乐了，说：有眼力。然后美容顾问再推荐什么，她都因为刚才很有面子而乐意买单。当然，你就得关心时尚，成为品牌和流行的专家，才好有眼力辨别客户是否流行和时尚。这需要学习和具备广泛的爱好。

力量型的人喜欢控场

五、千万不要企图教训力量型的人，否则一定难以成交

力量型的特点是爱憎分明、目标明确、发号施令。老大！坚决要大家听我的，不听我的怎么行呢？所以力量型喜欢目标明确、衣服庄重严谨、饰物很少，看上去会比较古板，她就不穿花衣服。力量型的包都是大包，不像活泼型整天拿着个小包走来走去；动作少而有力，幅度很大。

典型的力量型经常只在乎自己的感觉、追求结果，她问你答，就好。语言多用命令式口吻："你们谁是老板？"她看不起不能决策的人，那会浪费她的时间，所以坚决要找老板来对话。

力量型最怕被反驳和教训，所以教训力量型的人就等于自取灭亡。你跟她解释，她就会说：啰唆什么，找个说话算话的来。然后你下去说：这个"三八婆"，谁惹她了。那当然，她只想要结果，而你太啰唆，她当然会发火了。这是我们说力量型，她的不容被反驳是她的特色，使命感极强。我们给力量型一个口头语是：我只要结果！所以当美容顾问接待力量型的客户就会出现这种情况：客户发问，美容顾问回答。只见力量型客户一进美容院就说："老板在吗？"然后前台一定要赶忙说："您好，老板不在，请问有什么吩咐？"一定要这样说，而不能说"不在，找她啥事？"如果这样说，力量型客户准得发火说："你什么角色？让你们谁谁谁找我。"她就把你们老板的名字叫出来了，这就是百分百的力量型。所以一定要服从她的命令，让她认为受尊重，还是她说了算。比如她就是想坐，也要质问你："为什么还不让我坐下？"

然后美容顾问可以说："请坐，请问您贵姓？"

"姓王。"

"王小姐您好，老板不在，您有什么吩咐？我可以帮您。"

力量型会想：哟，挺乖。然后力量型发话说："好吧！听说最近进了个仪器？"

美容顾问立即回应说："是！"

力量型对中间的过程是绝对不问的，直接问价格："多少钱？"

一般美容顾问会在这里犯错误：怎么开口就问价啊？这怎么可能呢？然后只见那犯错误的美容顾问就开始说："啊，我们这仪器来自意大利，80%的人做了都有效。"

然后这边力量型的客户脸色一变，声色俱厉地重复她的问话："我—问—你—价—钱？"这时候正确的做法是立即告诉她："王小姐，您好，我们的单次会员价格是 380 元。"大部分力量型的客户会在美容顾问报出价格后，第一反应就是大声说："啊，太贵了吧?"美容顾问应该立即回答："对您这样身份的人来说，已经不贵了。"力量型就会爽快地买单。而换成完美型则在心里嘀咕：你怎么知道我的身份? 美容顾问这时候可以表扬她："一看您就是个领导。"

最怕的是美容顾问对力量型客户说："买这个会员卡吧! 我们的客户都认为很便宜。"如果这样说，那美容顾问就"完蛋"了，力量型客户一定会在心里说："你敢轻视我掏不起钱?"于是气冲冲地就走了。因为力量型客户她不会给你解释的机会，对不对? 她会固执地认为你水平太差，她不看过程，她就看你是否按她的意思办事。所以各位，在称赞力量型客户的时候，一定要有技巧。比如她说："你怎么知道我有钱?"美容顾问就可以说："您的包都值一万元以上，所以对于开我们这套会员卡来说，只是小菜一碟，我相信在我接待的客户当中，您是最有钱的。"因为力量型客户你越恭维她，她越不能发火，或者你对她说："我从来没有遇见过像您这么爽快的客户，要是我能天天遇见像您这样爽快的客户就好了。"你自言自语，特诚恳，越诚恳，她越有满足感。

然后她会因为你楚楚可怜就大方地说："哎呀，那有什么，我帮你就是了。你有什么困难吗?""我这个月有 38000 元的业绩，才刚刚完成了 500 元，恐怕连工资都要泡汤了。"然后你就潸然泪下，梨花带雨。力量型客户说："好啦，别哭了，差多少啊?""还差 33000 元。""一张卡多少钱啊?""如果您开一张金卡的话，我就能完成这个月一半的业绩了。""那好吧，我开一张。"这个时候，美容顾问要诚恳地谢谢客户，她甚至还会为你介绍其他的客户。因为她很愿意左右别人的命运。而不要像活泼型一样说："太好了。"你是太好了，客户可能会感觉上当了，然后钱还没掏就走了。所以接待力量型客户的时候，千万不要说："您好，我给您介绍一下，如果成为我们的××会员，能享受优惠。"喜欢干脆的力量型马上就会觉得烦，而命令说：拿过来我自己看一下。因为喜欢干脆和结果是力量型的特点，记住，千万不要企图教训力量型客户，否则一定难以成交。但所有的力量型客户在我们美容顾问名单里都是决策最快的，因为她容不得拖延，于是以直接问价格为特征，只要你的服务和服从做得足够得体，她会迅速买单。这就是典型的力量型。如果说力量型有怕的对象，那只能是和平型。和平型就像面团，怎么揉怎么是，不反抗，不顶嘴，令力量型没办法。

六、完美型的人做什么都一丝不苟，说话永远不会出差错

那么完美型呢？我给她定的难度系数为五星级。服务完美型客户对我们的任何美容顾问都是一个专业的考验，所以大家练顾问技术，就可以请一个完美型在你身边帮你练，你就能练得最好。完美型的特点是追求细节、具有逻辑性、不容易被打击。因为她非常注重问题的逻辑性，可能你才看了一个问题，她已经看了10个，所以你怎么可能打击到她呢？进一个美容院，进洗手间发现水龙头坏了就不买卡的，绝对是完美型。明白吗？你可能和她哪里都交流得挺好，结果去了一趟洗手间回来就变了。为什么呢？她追求完美，发现你的洗手间脏或者乱，压根不能满足她有洁癖的心理，所以坚决不买单。完美型的客户包换得非常频繁，衣服和首饰搭配得天衣无缝、完美协调。

完美型的问话很多，所以她会从一进门就一个问题接一个问题开始问你，问得美容顾问烦躁，直在心里犯嘀咕：这个女人，怎么这么烦

呢？要买就买，不买拉倒。力量型的顾问就已经被完美型的客户气死了。换了是力量型的前台，就会让另外的顾问来接待这个客户，力量型一遇到完美型就觉得不匹配，她受不了完美型无休止的问话，于是找一个活泼型的顾问来对付完美型，只见活泼型一会说东一会说西，完美型一会问东一会问西，只见两个人火热得不得了，但是以没有结果告终。为什么呢？活泼型很想有人跟她谈话，完美型很想展示自己看问题的独到眼光，结果两个人越谈越热，最终没结果。不停地发问与反问，彬彬有礼、滴水不漏，但修养很差的完美型客户就会看上去很差劲，问题又多又刁，所以讨人"嫌"。完美型最怕被别人教，你一教她，她就担心你很不专业、漏洞百出，所以她很怕别人教她，因为她觉得她最懂；而完美型确实头脑是最专业的，做什么都一丝不苟，说话永远不会出差错，出差错的永远是活泼型，让活泼型写一句话可以用上三个逗号，然后你让力量型写，她只用一个标点：感叹号！那完美型则写：省略号，她永远说不完也问不完，对不对？完美型拿着放大镜满世界找问题，别人认为她很讨厌。接待完美型的客户，离开我们刚才讲的那七个步骤是不可想象的。比如你说："您好，×××美容院欢迎您！"（当然，正规的说法是：您好，欢迎光临！）然后完美型就说："你叫×××吗？"开始了第一个发问。美容顾问回答说："不是我，是我们的美容院叫×××。我叫××。""噢，那是你欢迎我。怎么会是美容院欢迎我呢？"要是换了活泼型，她会说："哎呀，我们都欢迎您。"力量型顾问则说："挑什么呀？"然后给别的顾问使眼色来接待她认为很麻烦的客户说："小姐，您好，我有事先离开一下，由我们的×××顾问来接待您。"如果客户问："我这脸上有黑头，如何处理？"这一定是个力量型客户，语言简短有力，直奔目的。美容顾问应该回答："先清洁，再祛印，再收缩毛孔。"跟客户一个节奏，直接回答。如果客户是一个典型力量型，会直接问："多少钱？"典型完美型则会问："怎么收缩？"活泼型就会说："快点帮我解决。"如果是和平完美型就会说："听别人说磨砂洗面奶可以去黑头，所以我一直用，可是没效果，怎么办呢？"和平型大多时候都是别人怎么说，她就怎么做。而力量型是决不这样做。完美型更不会别人说什么她就做什么，她对黑头怎么生出来，怎么治好，比美容顾问还专业。

不要一次说得过长，过长的话语和解释对客户的记忆来说是一种考验，所以要针对各种性格用不同的方式和节奏说话。

所以对和平型的客户应该说："噢，您用的磨砂洗面奶，长期使用会导致表皮受损，变得粗糙，即使您不想生黑头，也不容易。"停住，明白吗？不要说得过长，过长的话语和解释对客户的记忆来说是一种考验，所以要针对各种性格用不同的方式和节奏说话。比如对活泼型就直接告诉她使用的方法错误，所以会加重黑头的增生，严重的会导致她的皮肤难以愈合。如果对完美型你该这样说："磨砂洗面奶如果使用不当，在去除角质的同时也伤害了保护层，当保护层裸露在空气当中，灰尘会在打开的毛孔表面积累，积累就容易感染，感染就容易产生黑头。而且，过分使用磨砂洗面奶会在新的保护层生成之前不停地磨掉新生成的保护层，所以皮肤一直是炎症状态。只有先取消磨砂洗面奶，再加以消炎，让新的保护层生成，然后我们再祛印，最后让您的皮肤变得光滑细致。"只有对完美型的客户才可以这样讲解。力量型的客户则不可以，否则你还没有说两句，她会打断你："告诉我，你怎么办？"你就得直接简洁地告诉她："先消炎，后收孔，再护理。保证一个月内您的暗疮变淡变轻。"看到肯定的表示后，接着说："我要建议您以后再也不要使用

培训休息室

磨砂洗面奶，因为它是罪魁祸首之一。"力量型会点头说："嗯，说得有道理。"这就是为什么要了解客户的类型？因为每一个类型的客户对于问题的反应都不一样。

七、和平型从不做否定的表示，衣着随便，不显山不露水，人群中看不见的人都是和平型的

和平型的特点是唯命是从、从不没事找事。和平型给人的感觉是和事佬、息事宁人。穿着上，和平型的人衣着喜欢休闲装，不太讲究，拎着纸袋上班的都是和平型，刚买了一双鞋，就把装鞋的袋子拿着去上班的就是和平型。这对完美型的人来说简直不可想象。对和平型来说，舒服是第一原则。和平型从来不穿西装，穿着西装对她来说非常难受，她经常穿那种休闲装，因为在休闲装里她很惬意，她也不愿意穿制服，穿了制服浑身上下都不舒服。像完美型很优雅，力量型很严谨，活泼型很时尚，只有和平型坐在那不知道该干什么说什么。动作很少，喜欢安静地待在一个地方不动，语言沉默，常常被她人问及意见都只知道说"好

啊!"或干脆不说。

所以你要问和平型的话，力量型非气炸不可。你问她什么，她都"嗯嗯"、"好好"。然后力量型说："你听见没有？""知道了。"然后完美型就会问和平型说："你啊什么？"和平型很委屈："没有啊什么。"直让力量型"没电"。活泼型的人埋怨和平型就会说："这人可真闷，差点把我气死。"和平型的没原则和不发表意见放在职场当中，就会被认为没责任，经常给人的感觉就是一问三不知。和平型不喜欢承担责任，喜欢安于现状，她最怕失去安全感。但是，和平型的人是最优秀的员工，任劳任怨，忠诚度很高。

但对于我们美容顾问来说，和平型客户是培训我们是否专业的一个试金石，因为和平型客户你说什么她都说"是"，她就是不掏钱。美容顾问说："我们新进的这产品效果挺好的，您试用一下吧？""好啊！"反正你说什么她都回答好。所以美容顾问就会很郁闷：怎么什么都好，就是不买单呢？所以对和平型的客户推荐一个产品以后，一定要加入一句话："现金还是刷卡？"否则就不行。但是呢，和平型客户进美容院有个特征，很少一个人来，大部分都带着一个朋友或同伴，而我们最容易犯的错误就是：谁最会咋呼，就以为谁是掏钱的主。但其实，她只是来给和平型开路的，真正掏钱的是和平型。大家一定记得我前面讲的，和平型是力量型的克星，而力量型中成功者最多。推而广之，和平型的女性客户嫁个好老公的概率最大。反过来，和平型的男士嫁给女强人的机会也非常高！

如果这个和平型身上有完美型的成分，美容顾问往往在咋呼的第一步就失败了，为什么？因为她虽然不开口，但是她考虑的比你多，而且只要美容顾问对她有冷落的迹象，即使她的同伴被顾问说服直要掏钱，她也不会买单的，她有完美型的成分，她觉得你这个人看人有问题。如果一个和平型占主导性的客户，有一个力量型的朋友，三下两下就会让顾问下不了台，因为还没过几招那和平型就把卡开了，结果一回到家，出事了。她的家人是力量型，问和平型："干啥去了？""我去×××美容护肤中心了。""干吗去了？""开了一张6800元的卡。""这么贵？""我也不知道，她们说有个仪器可以让我做。""乱七八糟。"然后，美容顾问还正在那里开心地想：我今天又完成了6800元的任务。正想着呢，人到了，这和平型的客户被她那力量型的家人给逼来了，她一进门就要找老板谈话，给个说法，力量型为了表明她爱憎分明和发号施令的态度，她就是要来帮这个忙，关键是和平型也不拒绝。所以如果要搞定和平型的客户，一是要不断地跟她确认每一个步骤："这个产品确实适合您，您刚才说的是眼部发干，我认为，您可以先解决眼部发干的补水问题，这个产品的补水效果非常显著，所以我建议您先做一个疗程的眼部护理。"跟和平型可要慢慢推，要一步一步确认，由小及大，不能一下子把她"打死"。

八、活泼型是先说话的那个人，力量型是拍板的那个人，完美型是发问的那个人，和平型是安静的那个人

在日常的交际中，可以很明显地判断这四种性格，活泼型是先说话的那个人；力量型是拍板的那个人；完美型是发问的那个人；和平型是安静的那个人。例如，如果在部队里，那个力量型的人就是说："给我打下那个山头！否则提头来见。"他是指挥官，只要结果。那个活泼型的人就是侦察兵，他会冲到前面去抓几个"舌头"回来。然后完美型就说："用什么攻这个山头？如果大炮的火力不够怎么办？如果后面援兵

笔者在讲解四种类型的客户

不到怎么办?"然后那和平型是火夫,担着馒头唱着小曲送馒头去了,管他打哪个山头,我只送馒头。

　　实际生活和工作中,人们的性格表现没这么单纯,因为大部分人的性格因为环境和后天的因素表现出来都是复合型,兼具多种性格成分,一时很难判断。但见的人多了,经历的事多了,就很容易做出大致的判断。这对心中没有他人的人来说,是一个很好的认识他人的机会。从而能够在服务和销售中洞悉人心,让自己获得更多的成功机会。世界上没有不对的人,只有是否合适的对象,知道这一点,对做一个好的美容顾问是非常重要的,可以帮助我们和性格各异的人打交道,并学习超越自己的局限,拥有更为开阔的视野和最成功的事业。

第三单元　美容顾问销售话术集锦

美容顾问销售中的常见错误

美容顾问沟通话术案例分析

减肥话术

补水话术

祛痘话术

美白护理话术

美容顾问话术填空练习

面部护理项目

身体护理项目

面部加身体护理

第十二章 美容顾问销售中的常见错误

切记：

当客户直接说出了自己的需求时，不要扩大问题或避而不答。

也不要只想推荐自己熟悉的产品，而听不到客户的需要。

一、当客户直接说出了自己的需求时，不要扩大问题或避而不答

比如说，客户问："我这斑是怎么长出来的？"而美容顾问却问："平常你吃什么？"正确的回应是：我给您介绍一下斑的产生原因好吗？吃跟斑有什么关系吗？难道斑是吃出来的？如果是吃出来的，又到美容院做什么？这就是摸不清客户的问题，实际上，她需要你对她讲斑是怎样生成的。这个是最常出现的情况。

因为我们的美容顾问在专业上不具备对产品疗效和成分功能的准确把握，所以，在回答客户的问题时往往只能硬推，特别是在功能性的原理说明和产品特殊成分对皮肤的作用这方面存在着很大的不足。例如：美白产品中含有果酸成分，怎样解释它的作用呢？要深入了解产品的成分并能够用客户理解的语言将它的作用表述清楚。

作为化妆品原料的果酸有祛斑的功效，微量的果酸，安全、长效，有美白效果。如果短期内大量使用，想迅速见效，就具有破坏性。所以，想三天换肤，则果酸对皮肤的伤害就会很大。你在产品成分和功效上的解释越专业，客户越认同。

二、避免签约保证的误区

当客户与美容顾问在效果上进行交流时，如果美容顾问语言中有
"绝对有效"的字样，往往客户会说出："你能给我保证吗？"当一个强
势的客户和一个不专业的美容顾问沟通的时候，客户就会用问题成为牵
着美容顾问走的人。反过来，美容顾问是专业的，客户就会认同。所以
一般当客户问："这种产品祛斑有效吗？"你应该这样客观地回答："我
们做过的 368 名客户都有明显的改善，只有个别客户中间有反复。这是
因为每个人的身体因素、生活环境、皮肤特质不同而有不同的表现。皮
肤护理是一个循序渐进的过程。我们会用专业的护理让您满意的。"美
容顾问讲得越科学，越能说服客户。同时，客户问出"有效吗？"这句
话，也意味着美容顾问的销售缺乏我们七个步骤中最关键的一步，解
释祛斑的原理和介绍科学的治疗方案。否则，就不需要用签约来证明
专业了。

三、只按自己熟悉的套路讲话，听不到客户的需要

客户说："我眼睛干，有红血丝。"结果美容顾问没有听见，却按习
惯发问："我可以问你一个问题吗？"正确的做法是抓住客户的问题，技
巧上就是使用重复重点词语来引起客户的注意："眼睛确实有红血丝，
最近很累吗？"客户说："可以。"美容顾问接着问："你这脸上好像有斑
啊，是怎么来的？"这就成了答非所问，客户带着她关注的问题来找你，
结果你不但没有听见，又给她生出一个问题。结果从生出的问题返回到
客户的问题上，一方面要费很长时间；另一方面客户已经在感觉上注意
力分散，或对美容顾问的反映评价很低了，也很有可能客户已经不耐烦

了。这对后面的推荐就非常不利。客户如果特别直接，她就会直接说出自己的需求，美容顾问要马上抓住需求，并且马上肯定她的问题，描述后果，然后就她的问题给予解决方案。帮助客户分析问题是怎么产生的，然后告诉客户要如何治疗。在说明的过程中要科学客观地解说，让客户信任。

四、仪器项目的介绍和操作应注意什么

这里有个特别慎重的问题，同样的仪器由不同的人做，效果是不同的。

这就是为什么有人拿着手术刀把人杀死了，有人把别人的病治好了。如果操作不得当，光子的伤害更严重，所以我们要根据不同的皮肤、不同的敏感度进行不同程度的操作，然后来解决皮肤的问题。当没有受过训练的光子技师来操作的时候，很可能会使你的红血丝没有解决，却带来了新的过敏问题。这样客户怎么信任你呢？如果你说每一家的仪器都是不一样的。客户信不信？不信，因为你没说明，仪器和人的关系，你也无法证明你非常专业。当我们使用仪器的时候，不要花几十万元买来就准备用上，一定要看操作的人是否过关，不然，它的负面广告效果会让你把所有成本都赔进去，所以美容顾问一定要搞清楚，每进一个仪器，她的卖点是操作技术的人。技师水平决定操作效果。

五、客户没义务为你建立档案服务

"小姐，请坐，能否告诉我你的名字和电话。因为我要做客户记录存档。"客户说："有必要吗？"一般客户在第一次见面时，不愿意提供自己的个人资料，甚至很反感这种问题。美容顾问说话不能涉及客户的隐私，记录资料最好以互换名片的方式进行，或者只记录客户的电话和姓名，待熟悉以后再详细补充其他信息。而不是为了我们自己记录的方便，第一次见面就令客户反感。

如果在咨询时，涉及你需要了解的客户问题，比如，减肥客户的体重，在不止一个人的现场，能问小姐或女士的体重吗？人家愿意说，我体重58公斤吗？所以应该委婉地换一种说法："×小姐，你看上去很丰满。但是我特别理解你要瘦身的要求，（千万不要说减肥，一听减肥就厌恶，难道我真的肥吗？）请问你特别关注哪一部分的瘦身呢？"客户立刻说："背部！"我们要委婉地给客户说出苦恼的机会，如果客户实在，自己说："我上身穿小号，下身穿大号。"客户自己说出了问题所在，就给美容顾问提供了解决问题的可能，记住，让客户说出她的苦恼，不要用猜测和评价让客户不舒服。为了让美容顾问在实战中看到自己的不足，我们也准备了一些常见问题的话术，在下一节中详细列出，供老美容顾问和新入门的美容顾问参考。

第十三章　美容顾问沟通话术案例分析

1. 减肥话术

2. 补水话术

3. 祛痘话术

4. 美白护理话术

这是美容顾问训练班的学员作业，训练课的美容顾问，依然存在可改进之处，而未经过训练的美容顾问话术就随意到了极不专业的程度。希望大家在学习这一部分时，能够通过实际对练体会到美容顾问销售过程的节奏和问题，并针对自己美容院的产品销售进行录音，对照看自己犯了什么样的错误。前一部分我们侧重分析问题，后一部分希望大家自己参与，完成标准话术，以强化自己的学习成果。

> 关注客户的需求，才能找准客户的需求，并为客户提供服务。
> ——激励格言

一、减肥话术

美容顾问："您好！欢迎光临，这边请。请问您贵姓？"

客户："姓文。"

美容顾问："文小姐，您好！我是玛思威的美容顾问，我姓刘，您也可以叫我小刘，很高兴为您服务。文小姐，请问您是从哪里了解到我们玛思威的呢？是朋友介绍还是看电视广告？"

（分析：还没有以客户为主发问就已经让客户为你服务了，这个开头可以改进，应该放在以后再问较好。正确的问话应该是："文小姐，请问您是做面部还是身体咨询呢？"）

客户："我有朋友在你们这里做，觉得蛮好的，所以我来看看。"

美容顾问："哦，是这样，那真是太好了，请问文小姐，您今天是想做面部还是身体呢？"

（分析：如果想表现出重视客户的感觉，就应该问客户：您的朋友向您推荐什么项目呢？这样对拉近客户的距离很有好处。）

客户："你们这里有没有减肥项目，我觉得我现在越来越胖了，你看我肚子这么大，腰也很粗，你说，能不能减下来呢？"

美容顾问："文小姐，您不用苦恼，我们这里的减肥项目做得非常好。请问文小姐，您以前做过减肥吗？减肥有仪器减肥和精油产品减肥。您更喜欢哪一种呢？"

（分析：这里的问题是还没有分析客户的问题，确认需要解决的重点，就直接推荐了项目，其关于效果和项目本身的质疑，及对自己能否瘦下来的怀疑都保存得好好的，未能解决。这些都是销售中的定时炸弹。只有受到客户关注的中间项目是量大、又有利润的，你才会盈利。"哦，文小姐，您认为腰腹部需要重点关注，是吗？我们可以先来做个脂肪测试，再来看怎样设计一个合适的解决方案，您看可以吗？"）

客户："用仪器吧，我听说仪器效果会更好些。"

美容顾问："好的，文小姐。（通过测试您可以了解）您知道肥胖（脂肪堆积）形成的原因有很多种，如营养过剩型肥胖、遗传性肥胖、分娩后导致的肥胖等，我刚刚才看了您的情况，也详细听了您肥胖后的大致情况，您属营养过剩型产生的脂肪过多，是由于摄取热量过多又来不及消耗热量，久而久之脂肪蓄于皮下，而导致了肥胖。"

（分析："对吗？文小姐？"这里可以停顿，征求客户的认同和反映，再开始进行关于体重的探讨。）

美容顾问："我刚才给您计算了您的标准体重为106斤，您现在超出标准体重25斤，属中度肥胖，像您这种情况一般需2~3个疗程便可以达到很好的效果。所以您不用烦恼，我们会根据您的情况为您采用相应的减肥方案。"

（分析："文小姐，我为您介绍一下我们的方案好吗？"获得客户许可后，接着介绍。）

美容顾问："首先我们根据旋磁仪的磁共振原理和超强渗透力刺激穴位，疏通经络，打通微循环净化排毒，达到标本兼治、不反弹、快速减肥的目的。而且我们还结合法国的捏脂仪给您做局部捏脂，全身排毒收紧工作。您体重下降后也不会出现松弛现象。"

（分析：这里要介绍项目的名称和以前客户做的案例就更好了。）

美容顾问："为维护减肥期间营养的均衡，我们还免费赠送您营养套餐，包括牛奶、鲜橙汁等，它还可以调节不良的饮食习惯，补充营养。在疗程期间，前10天为减肥期，需每天来。"

（分析："文小姐，您的时间可以安排吗？"必要时一定加上关于来店时间和次数询问，避免介绍好项目到买单环节，客户说："没时间。"

获得肯定后，说："文小姐，那太好了，您的时间和毅力会为我们的疗程换来最好的效果。")

美容顾问："10 天以后为巩固期，3 天 1 次，共 5 次。一般我们减肥的顾客做完一个疗程后可减肥 8~10 斤。有的甚至更好，您的情况比我们有些顾客好多了。所以，我很有信心。文小姐，请问您的时间可以保证吗？"

客户："可以。"

美容顾问："文小姐，那我先按 3 个疗程来帮您设计项目，时间为一个月。以完成瘦身、巩固、塑形的系列目的，达到完美的效果，您看可以吗？"

客户："可以，那会不会反弹呢？"

美容顾问："文小姐，放心。我们保证 6 年不反弹。您做完疗程后只需坚持每星期来我们公司做一次点穴就可以了，您减肥成功后还可以做个全身塑形。相信一段时间后您又可恢复您原有的好身材。您看如何呢？"

（分析：不要在你的语言中加入保证 6 年不反弹字样，去掉这种不专业的保证，会令美容顾问更加专业。)

客户："可以。"

美容顾问："文小姐，您减肥这个阶段，会遇到皮肤不像以前那样紧致，如果和美容一起做，就可以减肥、护理两不误了。况且，如果您成为我们的会员，例如，开钻石卡，这样您每次只需 204 元，3 个疗程下来您可以优惠差不多 1 万元，您做任何疗程项目都可以享受 4.5 折，而且，您还可以享受我们最尊贵会员所享受的贵宾房，专用的毛巾、拖鞋、口杯，等等。非常超值。"

客户："多少钱？"

美容顾问："您只需一次性付款 32000 元，像您这样气质高雅的女士，我觉得这张卡最适合您了。"

客户："32000 元，太贵了吧？而且我今天也没带够这么多钱呀！"

（分析：这里应该拿出会员介绍给客户选择，让客户自己看到不同会员卡的优惠和折扣，再进行二择一的推荐和比较，就更从容，也不会因为直接推荐带来的关于价格的惊讶反应。"我给您介绍一下我们的会员卡优惠好吗？您看，有五种档次的会员卡，每一种都享受很高的折扣和赠送。这是为了服务老会员所作出的让利设计，我们有 80% 的客户都是会员。"）

客户："小刘，您帮我参谋一下，看这张银卡和金卡哪张合适呢？"

美容顾问："文小姐，您的腰腹部局部瘦身可以采用我们的意大利瘦身消脂仪做疗程护理，金卡，每次可以节省 350 元，银卡每次可以节省 280 元，接下来，我可以为您增加瑞士精油身体美白护理项目来加强皮肤紧致和体表排毒，您看您后期巩固时，一周可以来几次呢？"

客户："我可以一周来两次吧。"

美容顾问："那我建议您开一张金卡，金卡的折扣更划算，而且，赠送的项目就可以把面部美白也做了。我算一下，开张金卡，您可以比原价一次节省 350 元，10 次节省 3500 元啊！"

美容顾问："是的，文小姐，实际算下来，不但不贵，还很超值。这是我们玛思威为最尊贵的客人设定的卡项，虽然是一次性付 32000 元，但是，每次项目都可以打 4.5 折，同时免去每次付款的麻烦。而且赠送有价值的项目，每个赠送项目都是非常适合您的。如果您今天不方便付款，那您可先付一部分，另一部分您下次来做项目时再补上就可以了。文小姐，我现在让美容师去为您准备好贵宾房和您的专用物品好吗？您今天就可以享受这种优惠。"

客户："那就开一张吧！"

美容顾问："好的，谢谢！请问您今天方便先付多少钱呢？"

（分析：正确的问话不是预估客户没钱，而是让客户买单。如果客户说没带那么多钱，美容顾问可以说："文小姐，我们会员卡的首次付款额度应该不低于35%，其他的余款您下一次补足，您看现金还是刷卡？"）

美容顾问："好的，文小姐，付现金还是刷卡？"

客户："在哪里刷？"

美容顾问："文小姐，您这边请。"

二、补水话术

美容顾问："您好，欢迎光临！""您这边请，请坐！""请喝水，请问怎么称呼您呢？"

客户："我姓张。"

美容顾问："张小姐，您好，您今天是做面部护理还是身体护理呢？"

客户："我想看看你们会所有什么特色项目？"

美容顾问："是这样，请问张小姐对面部还是身体的项目更感兴趣呢?"

(分析:这里,美容顾问应该直接告诉客户我们美容院最擅长的项目是什么? 以令客户难忘。可惜大部分美容院因为求全而从来不知道自己的独特优势是什么? 一个缺乏定位的美容院很可能难以被客户认同。换成:"张小姐。我们最拿手的是减压祛皱,我们的客户都是 30 岁以上的成熟女性。"客户会是什么反应呢?)

客户:"面部护理吧。"

美容顾问:"张小姐,我先看看您的皮肤好吗?"

客户:"好的。"

美容顾问:"张小姐,您的皮肤挺不错的,毛孔细小、肤色白皙、细腻光洁,只是美中不足的是皮肤水分不足,有些干涩,您的皮肤应该是干性皮肤。"

客户:"是的,有时皮肤觉得干痛干痛的"

(分析:让客户说出问题是最为关键的部分。)

美容顾问:"张小姐,现在是秋冬季节,您的皮肤出现干痛的现象是由于水分缺乏导致的。当皮肤含水量低时,它就无法吸收其他的营养,皮肤会变得干涩,对外界抵抗能力降低,而后出现一系列的皮肤问题,如细纹增多。"

客户:"是的,我就觉得我的眼部有很多细纹。"

美容顾问:"是的。张小姐,您现在的问题还不太严重。但随着年龄的增长,皮肤附属器官功能减退,皮肤的问题状况就不容乐观哦。每一位女性都希望自己看起来比别人年轻,是吗? 所以,长期的保养是很必要的。它能够帮助我们的皮肤保持滋润的状况,减缓衰老。"

(分析:客户已经提出了眼部细纹的问题,可惜美容顾问没有听见!

后面的套话不能抓住客户的注意力。应该为:"是的,张小姐,我注意到您的眼部细纹了,不过问题还不是太严重,如果我们在做面部护理疗程时加入特别的眼部护理,只需一个疗程,细纹就会明显变淡。长期坚持护理,皮肤会延缓衰老,再加上适当的营养和保湿,比同龄人年轻几岁应该没问题的。")

客户:"是啊。"

美容顾问:"张小姐,现在我们会所刚推出秋季靓肤系列疗程,其中有一款针对您这种类型皮肤设计的护理疗程,我给您介绍一下好吗?"

(分析:可以改为:"张小姐,我们有两款补水疗程比较适合您。一款是秋季靓肤莹润保湿护理,一款是E光强效补水仪器护理疗程,都可以改善干性皮肤的缺水状况,还可以改善细纹,仪器的效果比产品的效果更快速也更明显些。我给您介绍一下好吗?"然后拿顾问手册翻阅到这两个项目处给客户看,当然,客户看着你时,你就亲自讲解项目内容。这里只推出了一款疗程,如果客户不满意,就得重新销售,注意二择一的推荐方法。)

客户:"好啊!我选择这款莹润保湿护理吧。"

美容顾问:"张小姐,针对您这种类型的皮肤,(这里要强调干性皮肤类型会更准确。)有款秋美人莹润保湿护理会非常适合您,这个疗程护理可令您的(换成"强调"。)皮肤深层补水,层层修护细胞,防止皮肤的衰老,您若能持续护理保养,还可令细纹明显淡化,甚至消失。这款秋美人莹润保湿护理所使用的产品来自法国,这个产品(可省略。)品质非常好,我们会所(如果能够强调具体的客户百分比对客户更有说服力。)很多客户都喜欢它。张小姐,我相信,秋美人莹润保湿(换成"这款")护理对您的皮肤会有很好的改善,您认为呢?"

客户："这个护理做一次要多少钱?"

美容顾问："张小姐,这款莹润保湿护理的会员价是186元,如果您成为我们会员的话,您可以享受这个优惠,这个护理的原价单次消费是320元一次,您看,这是我们的会员介绍。"

客户："啊,那我选择哪种合适呢?"

美容顾问："张小姐,您一个月能来几次呢?"

客户："两次吧。"

美容顾问："您做身体项目吗?"

客户："有时间可以考虑。"

美容顾问："那好,张小姐,我认为您可以选择我们的温馨卡,一是一次性付款不多,二是可以享受身体项目赠送,三是您可以享受所有项目的4折优惠。最高赠送金额是××元。"

美容顾问："您是付现金还是刷卡?"

客户："刷卡吧。"(到这里,销售已经结束。)

美容顾问设限,认为客户不可能一次付款就会出现下面的对话,增加了销售环节和难度。

美容顾问："您现在就可以体验一下,体验后您觉得满意开卡,(先入为主、画蛇添足,可以取消这句介绍。)我可以帮您把今天的单次消费转为会员卡消费,您就可以从今天开始享受会员的待遇了,而且首次项目是免费的。您看这样可以吗?"

客户："好的,这样挺好。"

美容顾问："好的,张小姐,我现在给您开单,您的初次体验价为320元,请问您是付现金还是刷卡?"

客户："刷卡。"

美容顾问："谢谢您，张小姐，请跟我来。"

三、祛痘话术

美容顾问："您好！欢迎光临！这边请，请问您贵姓？"

客户："我姓刘。"

美容顾问："刘小姐，您请坐！（配合引导的手势。）我是玛思威的美容顾问，我姓胡，您可以叫我小胡，很高兴为您服务。刘小姐，您今天是想做面部护理还是身体护理呢？"

客户："做面部护理。"

美容顾问："啊，我看到了这些痘痘，长了多久了？"（看到客人脸上的明显暗疮。）

客户："是啊，老是长痘，很长时间了。"

美容顾问："刘小姐，请问您长痘从什么时候开始的呢？"

客户："从我十三四岁吧，都有七八年了。"

美容顾问："像您这种痘是青春期常见的，我们一般称为青春痘。（如果这里加入问话："您想知道青春痘是怎样形成的么？"一定会换来客户的关注和回应，对话的节奏就很好了。）有些痘是因为体内激素不平衡，雄性激素分泌过高，皮脂分泌过于旺盛，使毛孔堵塞，细菌繁殖，加上外在清洁、护理不当，造成反复感染。（也有些痘）像您这种因内分泌脾胃失调引起的痘很顽固，反反复复地长，不过有时长痘也会因为年龄增大、结婚、有男朋友、体内激素平衡而自愈，但我们最苦恼的是它还会给我们皮肤留印和留疤，对吗？"

客户："是呀，总是反复，真烦人啊！"

美容顾问："刘小姐，这种情况很常见，不要紧。我建议您通过内在调理和外在护理两个方面来改善，内在调理您可以选择我们的卵巢保养项目，外在护理我们采用祛痘项目护理。您以前做过祛痘护理吗？"

客户："没有做过。想试试，是怎样做呢？"

美容顾问："操作过程是美容师先用暗疮针将痘清理干净，同时用高频电疗仪并配合产品对伤口进行电疗，帮助伤口消炎，收口愈合，及时控制炎症，防止继续感染，预防留疤、留印。刘小姐，我先给您介绍一下祛痘护理项目好吗？"

客户："好。"（点头。）

美容顾问："针对您的问题，我给您推荐我们会所的祛痘特别护理，这个系列所用的产品能平衡油脂分泌，收缩毛孔，它含有一个植物溶菌酶成分，能在60秒迅速杀死痤疮杆菌，愈合伤口，淡化疤痕，刘小姐，您可以看一下护理程序。"（翻开疗程册，逐一介绍。）

（1）卸妆：清洁更彻底。

（2）清洁：海藻精（含深海圆形海藻颗粒，泡沫丰富，清洁效果好，洗后皮肤滑嫩）。

（3）调理：油性净肤水（能平衡油脂分泌、收缩毛孔）。

（4）去角质。

（5）蒸汽、修眉、清黑头：用粉粒水清黑头，粉粒水能自动溶解毛孔中的油脂、污垢，使之浮出皮表，用暗疮针轻轻地刮就可以了，不会那么痛，并且粉粒水有很好的收缩毛孔的效果，我们很多客人都会买粉粒水在家里使用。

（6）导入精华安瓶：净化精华安瓶（含植物溶菌酶、杀菌、收缩毛孔。安瓶是精华液浓度的 3 倍，效果也是它的 3 倍，吸收更好）。

（7）按摩面部+肩颈。

（8）面膜：海藻面膜（具有清热、解毒、消炎的作用）。

（9）修护：净化精华液。

（10）润肤。

（11）背部舒缓。

（分析：上面这个步骤对活泼和力量型的客户可以省略。）

美容顾问："通过这个护理，您脸上已成熟的痘今天就可以及时清理，炎症得到控制。一周后伤口愈合，您就可以看到效果，为了巩固效果，我建议您开疗程卡来做，您能多长时间来做一次护理呢？"

（分析：在这部分，美容顾问已经先入为主开始销售疗程卡了，已经收缩了销售的入口，是疗程卡价格高还是会员卡价格高呢？对客户来说，是会员卡单价低还是疗程卡单价低呢？）

客户："我比较有时间。"

美容顾问："那太好了，我建议您 3 天来做一次，2 个月后，您的痘就基本治愈，到时您的皮肤就会很光洁，以后做一下美白祛印的护理就好了。"

客户："价格怎么算？"

（分析：这里没有给客户介绍会员卡的种类，省略会员卡介绍这一步骤是经常出现的行为，前边介绍疗程卡，这里介绍会员卡，中间很突兀，应该按照步骤介绍会员卡种类，然后，把会员卡和疗程卡加以比较，令客户做出选择较为稳妥。）

美容顾问："我们的会员价是 247 元/次，原价单次 550 元/次。根据我给您设计的 2 个月疗程，我建议您开 5000 元综合卡，成为我们的会员，可以享受 4.5 折的折扣，每次可节省 302.5 元，2 个月可节省 6050 元，您觉得怎么样呢？"（节省的计算方法掌握了。）

客户："那开卡吧！"

顾问："刘小姐，请问您是刷卡还是付现金呢？"

客人："刷卡吧！"

顾问："请跟我来，刘小姐，我带您到前台刷卡。"

另补充：

青春痘是最常见的皮肤问题，经常跟内分泌失调有关，美容院的护理能改变已经感染的表面，但并不能控制青春痘的复发，所以，美容顾问要懂一点医学常识，帮助客户注意脾胃调和，温补肺阳，能更好地解决顽固的青春痘问题。

美容顾问："请问您的痘跟季节有关吗？"

客户："没有。"

美容顾问："与月经周期有关吗？"

客户："没多大关系。"

美容顾问："与您的工作压力有关吗？"

客户："有一点。"

美容顾问："您的睡眠好吗？"

客户："不怎么好！"

美容顾问："平常会不会便秘呢？"

客户："会。"

长痘与这些情况都有密切的关系，这些会帮助美容顾问判断客户是否由于饮食不良引起油脂分泌过于旺盛，导致体内毒素增加，还是五脏不调，减压调理，对饮食单一的长痘，要提醒客户："所以您平常要注意调整饮食习惯，少吃煎炸、油腻、烧烤等食物，容易引起上火，尤其在深圳这样气候比较燥热的地方；对压力失衡导致的无规律的长痘：平常要学会放松自己，排解压力；对睡眠不好的长痘，可以睡觉前听一些舒缓的音乐，喝杯温牛奶，或者在枕头上滴一滴薰衣草精油……

并且长痘也与面部清洁有很大关系，皮肤清洁不彻底，油脂污垢堵塞毛孔，滋生细菌。我这样讲您认同吗？（点头）您的皮肤现在急需要控制炎症，防止继续感染、留疤留印。您看都留一些印了，相信您之前的皮肤非常漂亮，根据您的皮肤我向您推荐我们的祛痘精致护理……"

每一种情况都是可能的问题，尽管问题的本质是一样的。但对客户来说，她认定的问题是唯一的，必须得到满意的解答。所以，美容顾问还要修炼自己成为身体问题的诊断专家，不懂原理，只知道问问题，却问不到点子上，只知道步骤，却不理解每个步骤的目的，都会使销售成为习惯而不是灵活的解决策略。

四、美白护理话术

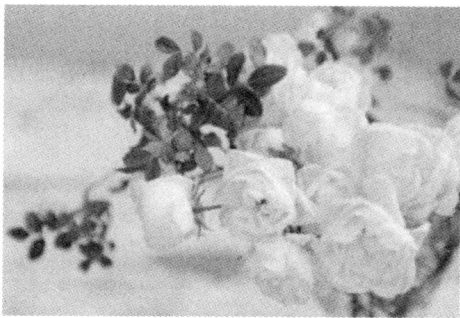

美容顾问："您好！欢迎光临！这边请。"

客户："您好！"

美容顾问："请问小姐贵姓？"

客户："免贵姓刘。"

美容顾问："刘小姐，您请坐！（示意顾客坐下。）刘小姐，您请喝水！"

客户："谢谢！"

美容顾问："刘小姐，我是玛思威的美容顾问，我姓李，叫我小李就好了，很高兴能认识您。"

客户："您好。"

美容顾问："刘小姐，您是第一次来我们会所吗？"

客户："是的，我第一次来。"

美容顾问："刘小姐，请问您想做身体护理还是面部护理呢？"

客户："我想了解一下面部的护理。"

美容顾问："我们玛思威做面部护理的产品有三个牌子，一种是法国的斯×××，另一种是法国的×××，还有一种是法国的×××。请问您是想改善面部的什么问题呢？"

（分析：还没有分析皮肤问题就已经开始介绍项目了，太早。只问后一句就更专业了。要注意二择一发问确认问题的方向。）

客户："我感觉面部很黄，所以想做一下美白。"

美容顾问："太好了，（多余的表态。）我可以近距离的看一下您面部的情况吗？"

（分析：这里如果直接回应客户说："确实看上去黄气比较重，不过，美白护理可以解决这个您担心的问题。"就免去后面的多余问话了。重复客户问题以表示你听到了客户的需求。）

客户："可以的。"

美容顾问："刘小姐，您的皮肤非常有弹性，而且您的皮肤底子也非常好，就是感觉'T'字部位的黄气比较重，您有多长时间没有护理了呢？"

客户："有一段时间了。"

美容顾问："请问您在家里使用什么牌子的护肤品呢？"（可以省略的问话。）

客户："我都是随便用的，没有专门的牌子。"

美容顾问："啊，如果长时间没有做专业的皮肤护理，皮肤的角质层会变厚，营养物质难以吸收，而且现代人的生活、工作压力非常的大，再加上环境污染严重，所以我们的皮肤就会缺氧，如果再不悉心呵护，皮肤的黄气就会变得越来越严重，更有甚者会长斑、长皱纹。"（可以省略这句话黄气重跟长斑和长痘不是一回事，不能乱说，要语言严谨。）

客户："那你们这里有什么产品可以快速地去黄气呢？"

美容顾问："针对您这种情况，我们有一款××产品的精致护理非常适合您，请您允许我向您介绍一下。"

（分析：要注意项目或产品介绍的二择一法则。）

客户："好的。"（点头。）

美容顾问："它的名字叫安美人冷冻氧仪器护理及褪黄、美白、修复、特护及柔皙防护护理。"

（分析：应该详细介绍仪器和产品的不同功效，令客户真正体会到独特作用。补充：冷冻氧护理能够令皮肤细胞快速补充养分，激活细胞的活性，使皮肤看上去透明充盈，自然达到褪黄效果。美白护理是通过产品中的微量维 C 使皮肤保持最好的状态。）

美容顾问："安美人的美白效果非常好，在美白的同时还可以给皮肤补充水分，做完后皮肤感觉非常的白皙红润细腻，是一款长效的仪器美白护理，（对于这种进口产品来说，它的效果非常明显。）它的会员价是 440 元/次，原价是 880 元/次；另一种柔皙防护护理的美白效果也很好，但是疗程需要的时间相对来讲会长一点，它的会员价是 340 元/次，原价是 680 元/次，您选择哪一种呢？"

（分析：要注意单次最低的会员价报价和省钱的计算方法。）

客户："我只想快速美白，您觉得我适合哪一种呢？"

美容顾问："针对您这种情况我建议您选择冷冻输氧护理，因为您比较忙，一个星期只需来一次就可以美白、补水双丰收了，一个疗程下来您皮肤就会得到很好的改善。（适当停顿，观察客户反应。）如果再配合德国的活氧注氧仪，效果就会更好。因为这个仪器是用 2 帕的压力将特别的物质美毒素注入到皮肤的基底层从而改善皮肤，它的步骤分为注氧、喷氧、吸氧，改善皮肤的同时还可以令身心得到很好的放松，特别适合像刘小姐您这种工作又忙又想改善皮肤的女性，它的会员价是 200 元，（这句介绍可放在后面，等待客户自己询价。）我这样安排您觉得可以吗?"

客户:"好的。"(那多少钱呢?)

美容顾问:"它的会员价是 200 元,您真有眼光。那我马上给您安排。"(开收银单。)

(分析:在没有确定客户是做单次还是开会员卡时就急于开单是一种不成熟的举动,会令客户觉得匆忙和被怠慢。)

美容顾问:"刘小姐,您今天是做单次还是开会员卡呢?开会员卡的价格非常的优惠,每次可以节省 400 元,那一个疗程 10 次下来可以省 4000 元。"

(分析:急于开卡的语言表现在没有唤起客户对会员卡产品的关注,更没有选择特定的会员卡,就自己说出可以节省多少钱,客户表现只能是漠然。这里应该对客户说:"刘小姐,这是我们会所的会员卡介绍,五种会员卡都可以享受不同折扣的优惠,因为护理是一种长期的放松和保养,我们的客户都是以会员形式来做护理的,因为很优惠。"

观察客户的反应,在客户眼睛停留的地方介绍相应的产品:"您看,这种宝石卡每次消费可以节省 280 元,10 次就可以节省 2800 元呢。"如果进行这种推荐,就很容易知道向客户推荐哪种卡比较合适了。)

客户:"我还不知道效果如何,我还是先做一次吧!"

美容顾问:"那好的,刘小姐,您今天做的这个单项价格是 680 元,请问您是刷卡还是付现金呢?"

客户:"刷卡吧。"

美容顾问:"刘小姐,那请随我去刷卡。(刷卡后。)刘小姐,如果您做完后效果满意,我马上给您转为会员卡,作为我们的会员您的首次护理将是免费的,这次的消费将存在您的卡上,以后送给您。还可以享受会员应该享受的项目，如节假日的礼物赠送、生日问候、会员积分回馈等，护理结束后我再向您详细介绍。"

客户："好的。"

美容顾问："那我先带您去沐浴区更衣。"

客户："好。"

第十四章　美容顾问话术填空练习

1. 面部护理项目

2. 身体护理项目

3. 面部加身体护理

　　在这一节练习中，我们在提供问题的基础上，稍加点评，更重要的是希望学习者根据所学习的方法，完成和客户的标准对话，以检阅自己对销售技巧的理解和运用，不妨找一个对手来做练习，以完成整个对话。

一、面部护理项目

　　（1）肤色黄且有斑。

　　美容顾问："您好！欢迎光临！我是×××美容院的美容顾问，我叫胡艳，请问怎样称呼您？"

　　客户："叫我小兰好了。"

　　美容顾问："小兰，您好！请问您想做面部护理还是身体护理？"

　　客户："我的皮肤有点黄，好像还长斑，看你们能不能帮我弄掉？"

　　美容顾问："让我看看您的皮肤好吗？"

　　（分析：这里应及时回应客户：是的，看上去是有些偏黄，这斑倒还不十分严重。）

　　客户："好。"

　　美容顾问："您的皮肤整体看起来毛孔挺细的，只是偏干，皮肤有点黄，您想改善皮肤黄的问题是吧？"

（分析：只是重复客人的问题并不能抓住客人的心，缺乏对客户皮肤问题的诊断，应该说：_____

_____

_____

_____

请在空格处添出正确的回答。）

客户："那你们有什么好的解决方法吗？"

美容顾问："有，我们美容院刚新到一个美白产品，只要通过一个疗程就能帮您改善您的皮肤，只需要做一次就能看到效果。"

客户："真的吗？"

美容顾问："真的，您今天有时间吗？"

客户："有一点。"

美容顾问："那我今天给一个最低的体会价让您体验一下吧。"

（分析：没有做任何诊断，就对客户推荐最低体验价，只能是不专业的表现，怎样改进呢？写出正确的答案：_____

_____

_____

_____

_____ ）

客户："好。"

美容顾问："那麻烦您过来这边，这位是我们的美容师小华，等一下将由她帮您服务。"（怎样说更合适？_____ ）

两小时后。

美容顾问："小兰，做完之后感觉如何？"

客户："还可以，那开卡怎样开？"

美容顾问："一个疗程1200元10次，如果您现在决定开卡，今天的体验就送给您。"

客户："好吧！"

美容顾问："请问您是付现金还是刷卡呢？"

客户："付现金。"

美容顾问："谢谢您的惠顾，请问您下次想约什么时候？"（语言生硬，如果换一种说法如何说？请写下合适的说法：＿＿＿＿＿＿）

（2）黑眼圈。

美容顾问："您好！请坐（请用茶）。我是×××的顾问Rebecca，也可叫我小徐，您怎么称呼？"

客户："姓汪。"

美容顾问："汪小姐想做脸部护理还是身体护理呢？"

客户："我有黑眼圈，天天都像打了眼影一样好难看。"

美容顾问："噢，是挺严重，是什么时候产生的，有多久了？"

客户："遗传，十几岁就有了，没有休息好更明显。"

美容顾问："那您知道是怎么形成的吗？"（这句话问得对吗？请试着换成另一种问法：＿＿＿＿＿＿＿＿＿＿＿＿＿＿＿＿＿）

客户："不知道，是遗传吧？"

美容顾问："遗传也有可能，主要是您的眼部血液循环不好或休息不够，用眼过度疲劳而引起的。"

客户："用什么方法可以祛除？"

美容顾问："像您的黑眼圈要短时间内去掉是不可能的，但可以在美容院做护理，再配合家居护理，可以快速地改善您的黑眼圈。"

客户："那您这里有什么眼部护理？"

美容顾问："我们会所有精油舒缓眼部护理、机理眼部护理、魔术手眼部回春护理，您可以看一下我们的课程。"

客户："那您觉得我适合哪种？"

美容顾问："精油舒缓眼部护理更适合您，因为精油配合热膜，可舒缓眼部疲劳，促进血液循环，改善黑眼圈。"

美容顾问："请问您现在有时间吗？"

客户："我现在没时间，晚上有。"

美容顾问："那晚上帮您安排一位美容师，您可以留下联络电话吗？"

（分析：晚上几点钟？没有确定时间就等于没有肯定的结果，应该怎样问才好呢？请在空格处写答案＿＿＿＿＿＿＿＿＿＿＿＿＿＿＿＿＿＿）

客户："可以。"

美容顾问："那您晚上过来，慢走，谢谢您的光临！"（如果换成更好的结束语，应是：＿＿＿＿＿＿＿＿＿＿＿＿＿＿＿＿＿＿＿）

请在下面的对话中寻找问题，并做出合适的回答。

美容顾问："您好！欢迎光临，我是美容顾问王小琴，叫我小琴好了，怎么称呼您呢？"（可否更简洁？＿＿＿＿＿＿＿＿＿＿＿＿＿＿）

客户："我叫小燕子。"

美容顾问："小燕子，您好！您请坐，您今天是来做脸部护理还是身体护理？"

客户："我想咨询一下黑眼圈。"

美容顾问："小燕子，你知道黑眼圈是怎样形成的吗？"（这句话怎

样问更合适？请写出合适的回应_____）

客户："不知道。"

美容顾问："您的黑眼圈是从小就有的还是后来形成的呢?"（为什么问呢?）

客户："好像是从小就有。"

美容顾问："您这是属于遗传的，那有没有用过眼霜或是做过眼部护理呢?"

客户："没有，但在家里有时用一点眼霜，没有坚持用。"

美容顾问："那有没有改善?"

客户："好像没多大改善。"

美容顾问："我建议您做一下眼部护理。"

客户："我现在还小，别人说不要做，不然会有依赖性。"

美容顾问："小燕子，你现在周围的环境污染大，眼睛周围的皮肤很薄，锁不住水分，很容易干燥，再加上眼睛每天的眨眼次数有1万次，如果不给眼睛营养和水分就会很快衰老，小燕子，你现在还这么小，就有黑眼圈了，等你年纪大些再来护理就已经迟了。"

（客户的问题是怕有依赖性，美容顾问的回答解决这个问题了吗?试着做出合适的回答：_____

_____）

客户："那要多少钱?"

美容顾问："您要做效果来得快的还是做长期的保养呢?"

（分析：没有直接回答客户的问题又生出了一个无法准确界定的新问题，怎样是效果来得快呢? 容易引起客户不切实际的期望的语言要少用，可直接回答关于价格的问题。）

客户："效果来得快的。"

美容顾问："会员价 148 元，非会员价 198 元，刚才我的客人红姐也像您这样，她才做了 3 次，黑眼圈明显减少了，您来看，我这儿还有她的照片呢，今天她又帮我介绍客户来做护理了，小燕子，如果没效果的话她还会给我们带客户来吗？"（这句话可用沉默代替。）

客户："那好，我开卡吧！"

（分析：听到客户选择什么卡了吗？在实际销售中客户是这样买单的吗？请写下关于价格介绍的对话＿＿＿＿＿＿＿＿＿＿＿＿＿＿＿＿

＿＿＿＿＿＿＿＿＿＿＿＿＿＿＿＿＿＿＿＿＿＿＿＿＿＿＿＿＿＿＿＿＿＿＿＿＿

＿＿＿＿＿＿＿＿＿＿＿＿＿＿＿＿＿＿＿＿＿＿＿＿＿＿＿＿＿＿＿）

美容顾问："你是给现金还是刷卡呢？"

客户："给现金。"

美容顾问："谢谢。"

（3）洗面奶。

美容顾问："您好！请问您是第一次过来吗？"（问话不宜太随意，请考虑问话的顺序和语气。）

客户："是的。"

美容顾问："请问您贵姓？"

客户："姓陈。"

美容顾问："陈小姐您好！我是×××的美容顾问 DiDi，很荣幸为您服务，今天过来是想了解面部护理还是身体护理呢？"

客户："我想看看你们的产品。"（这里抓住了客户的需要。）

美容顾问："好，那我带您去参观一下我们的产品专柜，这是洁肤系列、护肤系列、精油系列。"

客户："我想买洗面奶。"

美容顾问："陈小姐，您的皮肤本身肤质很好，您可选用一种柔和型的洗面奶。"

（分析：如果换成您想买哪种类型的洗面奶是否更好？）

客户："会不会过敏？刺激皮肤？"

美容顾问："陈小姐，这点您放心，这种产品采用的是全天然植物及瑞士冰山矿泉水提炼而成的，决不含刺激性成分。"

客户："有些什么好处？"

美容顾问："它不仅能清洁表皮的污垢，而且能起到深层清洁的功效，它内含锁水因子，在洁面的同时还能帮您的肌肤补水及紧紧锁住肌肤的水分，用后您的皮肤会非常的柔软爽滑，无紧绷感，如长期使用皮肤会更白皙。"

客户："价格多少？"

美容顾问："我们的会员可以享受8折优惠，也就是336元，非会员是没有折扣的，需要420元。"

客户："那怎样才能成为会员呢？"

（分析：这里没有抓住客户的需要，应该介绍会员卡，忽略客户需要就等于失去销售机会。）

美容顾问："请问陈小姐，您今天有时间感受我们这里的护理吗？"

客户："没有，下次来吧！"

美容顾问："陈小姐，您看这样好不好，我去向经理申请以会员价把洗面奶卖给您，相信您试用后会成为我们的会员，成为我们的会员有很多优惠的。"

客户："好吧！"

美容顾问："请问陈小姐，您是刷卡还是给现金？"

客户："给现金。"

美容顾问："陈小姐，这边请，这是我们的收银，谢谢您，陈小姐，慢走，欢迎您下次光临。"

第二天需电话问访客户用后的感觉。

（4）雀斑。

美容顾问："小姐，您好，请问怎么称呼您呢？"

客户："我姓李。"

美容顾问："李小姐，您好！我是×××的美容顾问，我姓陈，大家叫我 Carmen，很高兴能为您服务，请喝水！李小姐，您是第一次来我们这儿吗？"

客户："是的，我是第一次来，朋友介绍的。"（参照学过的内容作多种回应练习，这里应该如何直接回应？＿＿＿＿＿＿＿＿＿＿＿）

美容顾问："欢迎您，今天想做面部护理还是身体护理呢？"

客户："我想了解一下我脸上的雀斑是怎样形成的？"

美容顾问："请问您的雀斑是什么时候开始有的？"

客户："以前没有，是最近出现的。"

美容顾问："雀斑的形成有几种因素，身体内分泌不平衡，影响黑色素分泌不正常，外在的环境导致斑点更加严重，还有跟遗传有关。"

（分析：这里并没有直接解释客户的雀斑最近出现是什么样的问题，却说出几种因素都可能导致雀斑。换成另一种说法可能更好：雀斑的形成有原发性和继发性两种。前一种比较难以根治，后一种可以改善，您的情况是后一种，请尽管放心。试着自己再换一种问法如何？）

客户："那我的雀斑能去掉吗？"

美容顾问："李小姐，您不用担心，您的雀斑形成的时间不长，现在护理是没问题，要不然等到严重了才护理，更不值了。（换成"就更难了"较为合适。）"

客户："做什么疗程来护理？"

美容顾问："现在我根据您的皮肤情况为您设计一个护理方案，今天您皮肤有点干，首先为您做一次水分精华护理，补充水分，下星期开始做纯维 C 美白护理，因为产品的白桑树精华能够使有色的黑色素逐渐变为无色的黑色素，而纯维 C 能加强真皮层里蛋白胶原纤维细胞，令皮肤加快更新，除了美白外还令皮肤有弹性、有光泽。"

客户："那我需要多少时间才能有效果？"

美容顾问："您每星期做一次，每次做完都会有改善，由于皮肤细胞代谢周期是 28 天，所以做到 4 次之后就能看出明显的效果，之后继续护理，皮肤就会有光泽、非常滋润，也非常白皙，与您高贵的气质配合，更美丽动人。"

客户："真的，收费多少？"

美容顾问："单次收费是 680 元，银卡是 20 次，每次 450 元，金卡10 次，每次是 398 元，可用 1 年，当中会根据您皮肤的需要，除了祛斑之外，随时调配补水精华护理，让您的皮肤整年都保持最佳状态。"

（分析：这里又犯了报价上的哪些错误？请试着重新报价：_____）

客户："全年也不错。"

美容顾问："是啊，对您很合算，付现金还是刷卡？"

（分析：客户选择了金卡还是银卡呢？请补充问话确定客户选择的卡项和金额_____）

客户："刷卡好了。"

美容顾问："谢谢您，我特别送您全年的手部护理，喜不喜欢？"

客户："真好。"

美容顾问："李小姐，我安排了 Jess 为您服务，她是非常专业和有经验的。"

美容顾问："李小姐，做完了，效果不错，手法怎么样？"

客户："挺好。"

美容顾问："我帮您预约下星期的时间好吗？我会早一天给您电话，再见！"

（5）面部皮肤干且易过敏。

美容顾问："小姐您好！我是×××的顾问 Kathy，请问怎么称呼您呢？"

客户："我姓陈。"

美容顾问："陈小姐您好！很高兴今天能为您服务，陈小姐是第一次来我们会所吗？"

客户："是。"

美容顾问："您想做面部护理还是身体护理呢？"

客户："想做面部护理。"

美容顾问："陈小姐您感觉面部哪一方面不满意呢？"

客户："我觉得皮肤很干，而且会过敏，在别的美容院做都会过敏。"

（请做出准确的回应：＿＿＿＿＿＿＿＿＿＿＿＿＿＿＿＿＿并指出下面回答中的问题。）

美容顾问："您很有眼光，能来到我们这里是我们的荣幸，可以先让我了解一下您的皮肤吗？"

客户："可以。"

美容顾问："您是从什么时候开始过敏的呢？"

客户："在 3 年前做过一些果酸的护理，做完后皮肤就变成了这样。"

美容顾问："好的，我知道您这个过敏的原因是因为护理不当而导致皮肤造成伤害。所以首先我会为您做一个巩固皮肤免疫力的香薰护理。"

客户："但我现在都有点怕了，您的产品真的能帮到我吗？"

美容顾问："我们的产品是来自德国，而且有专业的调配师为您现场根据您当天的皮肤来调配适合您的精油，所以您可以放心。"

客户："是真的吗？我看很多美容院都有香薰护理，也好像没什么特别？"

美容顾问："这是因为现在的人都知道香薰对人体、皮肤方面都有好的疗效，才会有这么多美容院都做这个项目，您感到没什么特别的原因是因为每家店的美容师、手法跟产品都不一样，而我们公司是请了专业的技师培训，经过严格的考核才可接待客户，相信您做完会有满意的效果。"

客户："那多少钱一次？"

美容顾问："如果是试做价 98 元/次，会员是 120 元/次，非会员是 230 元/次，您今天是开卡，还是试做呢？"

客户："先试做吧！"

（分析：这里应该怎样让客户在效果满意时出来开卡呢？请试着做出合适的推荐 ＿＿＿＿＿＿＿＿＿＿＿＿＿＿＿＿＿＿＿＿＿＿＿＿＿＿＿

＿＿＿＿＿＿＿＿＿＿＿＿＿＿＿＿＿＿＿＿＿＿＿＿＿＿＿＿＿＿＿＿＿

＿＿＿＿＿＿＿＿＿＿＿＿＿＿＿＿＿＿＿＿＿＿＿＿＿＿＿＿＿＿＿）

美容顾问："好的。"

客户："如果开卡，那怎样付款呢？"

美容顾问："您可以交现金。"

客户："可以交订金吗?"

美容顾问："可以,但根据公司规定,订金是护理价格的1/3,余款要在一星期内交清,就能享受您的优惠。"

(6)面部有皱纹。

美容顾问："您好!请坐,我是今天当班的美容顾问,我叫小敏,请问怎样称呼您呢?"

客户："我姓张。"

美容顾问："张小姐,您好,嗯,您的气质很不错!"

客户:(客气)"哪里!"

美容顾问："张小姐,我有什么能帮到您,(语言啰唆,可以减少一句。)您想咨询哪方面的问题?"

客户："我随便看看,但是我想知道你们做面部是怎样的,我觉得今年老了点啦!"

美容顾问："张小姐,其实,您气质好,也并不老,(省略这句话,不要强调您认为'老'这个词,换成'为什么您认为自己老了呢?'这样能令客户自己说出脸上的问题,好过美容顾问用三个问题令客户听来不舒服。)只是皮肤好似没光泽,眼部有些许干纹,而且还好似有少许的眼袋,像这种情况,可能由两种原因造成:一是工作紧张、繁忙、压力大、休息睡眠不够充足。二是可能您近期少做皮肤保养,这样都会导致皮肤的新陈代谢不良而缺少水分。"

(分析:这两种情况,如果每一种都换成问句以获得客户自己的认同就更容易知道结果,而不是美容顾问自己替客户下结论。

请试着换成问句做练习＿＿＿＿＿＿＿＿＿＿＿＿＿您属于

干性皮肤，所以更要注重护理，这样才能减少或避免产生不必要的细纹。）

客户："是呀，我忙死了，现在有皱纹了，怎么办？"

美容顾问："张小姐，没关系，如果您工作忙也可以利用休息时间或您只需抽出 2 个小时，我们便可以帮到您，像您只需做这一项补水的护理就可以了，而且这个品牌的产品是德国原装进口的，效果质量都有保证，还荣获 2000 年国际护肤大奖，您做完后一定会满意，因为这种产品是纯天然植物系列，对皮肤无刺激、无伤害，可以使皮肤达到一定的光泽，肤色看起来健康又自然。"

（分析：这段话对如何解决客户脸上的细纹没有说明，在实际说服客户上很可能似是而非，缺乏力量，请根据自己美容院的产品特点，对产品和疗效如何能减缓细纹做出介绍：＿＿＿＿＿＿＿＿

＿＿＿＿＿＿＿＿＿＿＿＿＿＿＿＿＿＿＿＿＿＿＿＿＿＿＿＿＿＿＿＿＿＿＿＿＿＿＿

＿＿＿＿＿＿＿＿＿＿＿＿＿＿＿＿＿＿＿＿＿＿＿＿＿＿＿＿＿＿＿＿＿＿＿＿＿＿＿

＿＿＿＿＿＿＿＿＿＿＿＿＿＿＿＿＿＿＿＿＿＿＿＿＿＿＿＿＿＿＿＿＿＿＿＿＿＿＿

＿＿＿＿＿＿＿＿＿＿＿＿＿＿＿＿＿＿＿＿＿＿＿＿＿＿＿＿＿＿＿＿＿＿＿＿＿＿＿）

客户："会吗？多少钱一次？"

（分析：因为缺乏效果说明，客户一定有疑问，后面的钱也是问路而已，不能让客户彻底放心。）

美容顾问："张小姐，我看您今天既然来了，不如就做一次，我们就当交个朋友，我就按会员的折扣给您一个尝试价，您看现在我就安排美容师帮您做好吗？"

（分析：这属于硬推，客户在对效果、价格都是模糊的概念下，试的可能性只存在于面子上不能硬拒而已。）

客户："好吧，我就先试一下。"

（7）去黑头。

客户："我的情况是毛孔粗糙、有黑头，如何才能把毛孔收细、去掉黑头？"

美容顾问："在本店像您这样皮肤的客户我们也遇到过很多，大多数是用错护肤品所致，不知您情况如何？"

客户："的确如此，我毛孔粗糙，听别人说用磨砂洗面奶可把黑头洗掉，故我经常用磨砂洗面奶洗脸。"

美容顾问："难怪您毛孔这样粗、黑头这样多，形成这样的主要原因是磨砂洗面奶里面的幼砂把表皮角质磨损，在洗面的过程中增加了面部的按摩，使毛孔也扩张了，经常这样做同一操作会使毛孔粗糙，空气中的尘粒及污垢，会粘在脸上形成黑头导致皮肤缺水，再不护理，皮肤受损会更利害，随着年龄的增加越来越严重，幸好您有保护皮肤的意识，很多人都不懂得保护皮肤的重要性。"

客户："是吗？那应该用怎样的产品来修复我的皮肤呢？"

美容顾问："这很简单，既然你懂得保护面部皮肤的重要，那我为您设计一个既收缩毛孔又能把黑头导出的套餐疗程给您，您平常工作是否很忙呢？"

客户："还可以，我上班时间比较稳定，晚上有比较多的空闲时间。"

美容顾问："那好，我店有一个品牌是集合了法国、英国及德国科学技术，（少用这样的语言，令理智的客户觉得夸张，缺乏出处。）用纯天然植物提炼而成，采用纳米技术（请说出产品的主要成分名称，纳米技术的微分子只是令产品更容易吸收，但不是更新皮肤。）更新皮肤，（语言不严谨是美容顾问中的大问题，太随意的省略使说服乏力。）达到

7天紧肤、嫩肤、祛黄、防敏感的一套治疗性产品，做一次就会令您有意想不到的效果。"

（分析：这里离开了客户皮肤黑头和粗糙的问题，却强调嫩肤、祛黄等额外的功效，这会令客户怀疑。请用专业的语言根据学过的知识做出治疗黑头和粗糙皮肤的话术：_____

_____

_____

_____

_____ ）

客户："是否真的这么快有效果？"

美容顾问："是的，我请一位非常专业的美容师为您打点一下美容床，您换一换衣服，美容师马上就能为您服务。"

（分析：在没有回答客户问题的情况下，就如此回答，客户会怎么想呢？请自己做出正确完整的客户对话：_____

_____

_____

_____

_____ ）

二、身体护理项目

（1）丰胸项目。

美容顾问："小姐，您好！第一次过来吗？"

客户："是的。"

美容顾问："您贵姓。"

客户："姓徐。"

美容顾问："徐小姐，我是×××的美容顾问美美，很荣幸为您服务，今天过来想做面部护理还是身体护理呢？"

（分析：既问到客户姓什么，就要称呼客户，否则，很没有礼貌。）

客户："您这儿有没有丰胸的。"

美容顾问："有啊，徐小姐，而且效果很好，您是想要使胸部丰满一点吗？"

客户："是的。"

美容顾问："可以冒昧地问您几个问题吗？"

客户："可以。"

美容顾问："您多大了？结婚了吗？"（只问后一个问题即可。）

客户："23岁，还没结婚呢。"

美容顾问："根据您的情况来看，导致您的胸部不够丰满的原因是：先天性发育不良引起的，当然遗传也不排除在外。"

（分析：缺乏逻辑。应该先问：您很像您的母亲吗？然后再界定是发育还是遗传。）

客户："像我这种情况，多久能达到我所要的效果。"

美容顾问："我们这儿类似您这种情况的客户很多，（多长时间为一个疗程？）疗程过后效果都不错哦，相信您通过我们的仪器把身体内血液中的女性荷尔蒙及养分引流聚集到胸部，加上丰满精油的快速渗透及吸收，再加上专业手法按摩以及营养师为您搭配好的饮食的话一定能达到您所要的效果。"（客户最关心的时间和疗程没有被提及。）

（分析：指出这段介绍中出现的问题，注意从以下几个环节：①项目名字。②丰胸原理。③操作手法及特点。④仪器功效等方面阐述丰胸的项目。)

_____

_____

_____

_____

_____

客户："那要多少钱做一次？"

美容顾问："原价 300 元。"

客户："这么贵呀？"

（根据所学的销售原理中的报价原则重新报价：_____

_____

_____

美容顾问拿出会员卡给客户看，并说有 3000 元的玫瑰卡和 5000 元的白金卡，现在都特别优惠，而且还赠送身体上的新项目或 SPA 休闲护理。)

客户："那我就买 3000 元的吧。"

美容顾问："小姐，请问您是刷卡还是付现金？"

客户："刷卡吧！"

（2）香薰项目。

美容顾问："您好，小姐请问您贵姓？是做什么行业的？"（我们不建议美容顾问询问客户的职业隐私。）

客户："您好，我姓袁。"

美容顾问："您好，袁小姐，请问我有什么能帮到您的吗？"（如果问出客户需要面部护理还是身体护理就会更专业。）

客户："没有，我只是想随便看一下。"

美容顾问："好，没问题，我带您去参观一下我们的美容院。"（这里抓住了参观的重点。）

客户："你们这里有些什么护理？"

美容顾问："我们这里有面部护理、身体护理、SPA香薰，请问袁小姐想做什么护理呢？"

客户："我想试一下你们的SPA香薰，你们的SPA香薰包括什么？"

美容顾问："好的，那让我来为你介绍一下我们店的SPA香薰吧，我们的SPA香薰包括泡泡浴、蒸汽房、推油，泡泡浴有牛奶泡泡浴、薰衣草泡泡浴。"

（分析：这里如果结合参观逐一介绍项目特点会令客户印象深刻，请模拟介绍：_____

_____

_____

_____ ）

美容顾问："请问袁小姐你想试哪种呢？（在这里停下，等待客户回应更好！）最近天气比较干燥，我觉得牛奶浴比较适合，不知袁小姐有没有意见呢？（换成"您看可好？"）"

客户："泡泡浴有什么功效啊？"

美容顾问："泡泡浴可以消除疲劳，牛奶泡泡浴可以滋润皮肤、消除疲劳，再加上我们的推油，感觉会更好。"

（分析：缺乏对客户为什么对泡泡浴感兴趣的询问，所以，后面的推荐会有障碍。请补充如何发问：_____

_____

_____）

客户："你们用什么油来帮我推呢，这些油用了是否会有副作用？"

美容顾问："我们用的是植物精油，纯天然植物提炼的，用了绝对没有副作用，请您放心吧，这些产品都是由国家认可的，绝对没有问题，可以放心使用的。"

（分析：在没有明确客户意图的情况下，后一句是没有作用的。）

美容顾问："袁小姐，请问您是泡牛奶浴吗？"

客户："价格怎么样啊？会不会很贵？"

美容顾问："单次128元，不算很贵，袁小姐在公司上班，每天对着电脑打字、写文件，胳膊、腰都很累，泡一个泡泡浴，再加推一下背，疲劳很快会消失的，泡泡浴还可以滋润及美白皮肤。"

客户："在家的浴缸也可以泡，为什么我要来这里泡啊？还要给钱？"

美容顾问："对，在家的浴缸也可以泡，可是，我们这里的泡泡浴加入了海盐，海盐可以加速身体的血液循环，还有牛奶浴精华，最主要的是，我们这里的泡泡浴有水疗按摩，可以起到按摩、祛死皮、消除疲劳的功效，在家的浴缸是没有这个功效的，袁小姐，您可以先试一下，感受一下，您认为满意再开卡也没问题的。"

（分析：最重要的是客户在家里不能享受手法。请根据自己美容院的实际情况完成介绍话术_____

_____）

（3）减肥个案。

美容顾问："小姐，您好！很荣幸为您服务。"

客户："我想咨询你们的减肥项目。"

（分析：这里应该直接回答关于减肥的问题，请做出直接回应，再进行自我介绍。）

美容顾问："我是美容顾问阿艳，请问怎么称呼您？"

客户："我姓王。"

美容顾问："王小姐，您好！您以前有没有减过肥或使用什么减肥方式？"

客户："减过，效果不是很明显，吃了很多种减肥药，都不管用，还反弹。"

美容顾问："您以前吃的减肥药是不是会头晕、乏力、恶心、拉肚子呢？"（分析：这里换成开放式问句：＿＿＿＿＿＿＿＿＿＿＿＿）

客户："有的，是这样。"

美容顾问："那就是了，减肥减的是水分，所以容易反弹，而我们减的是脂肪不减水分，不会有头晕、乏力、恶心、拉肚子的现象。王小姐，您好，我想问您的身高、体重是多少？"

（分析：后面这句问话可以换成："王小姐，我带您做一个身体检测如何？"）

客户："60公斤，158公分，我想问你们是如何减肥的？"

美容顾问："还不算太丰满，我们这里的顾客有些190斤的，她们都在10斤、20斤地减，都非常满意。"

（分析：没有听到客户的需要："我想问你们是如何减肥的？"自己说些额外的废话，应当直接说出后面的介绍。）

美容顾问："我们采用物理减肥法为您实施减肥疗程。我们最新引入了一部LASERLIFE激光瘦身仪，是目前全球第一部集医学、物理治疗、反射治疗、瘦身美容为一体的激光仪，（加入和客户的语气或目光交流。），它具有高达 904NM 波长，其能量能渗透肌肤组织 5~50 毫米之深，可穿透表面层、脂肪层及肌肉层，有效作深层彻底性的治疗。它独有的激光反射治疗，运用传统中医的经络穴位原理，用激光打通穴位经络，疏通气血运行，加速淋巴排泄废物，调治五脏六腑，调节内分泌平衡，再配合高精之仪器，法国灭脂仪或意大利溶脂仪，（加入描述效果的形象化语言＿＿＿＿＿＿。）一次减 3~8 厘米，3 天正常减 4~6 斤，不用挨饿、不腹泻、不吃药，只减脂肪，不减水分，（加入征求客户反应的语言＿＿＿＿＿＿＿＿＿。）我们会为您量身定做一套瘦身计划，并送赠一项令您无后顾之忧的防反弹计划。"

客户："那您看我能减多少斤？"

美容顾问："那麻烦您过来，我帮您免费做一个意大利测脂仪，能准确测出体内含有脂肪组织、水分、瘦肉比例，分析出您肥胖是属于何种肥胖，水肿型、松弛型、软性蜂窝组织还是硬性蜂窝组织。以我的经验，一般都可以减 14~15 斤，我建议您做两个疗程，可以达到标准体重。"

（分析：这部分放在开始部分就非常专业了，请在练习中按照抓住客户需要的方式重新排列话术进行演练。）

客户："那需不需要节食？"

美容顾问："健康的减肥是不需要节食的，我们在您减肥期间（帮助）改善您的不良饮食结构，在这期间给您提供每天所需的营养物质，配合食用我们的蛋白营养食品，您在减肥期间营养均衡，精力更充沛，皮肤更红润，身体健康了，人自然也漂亮了。"

客户："在减肥期间我能吃肉吗？"

美容顾问："尽量少吃，因为肉是高热量的食物，俗话说：'吃啥补啥',所以减肥期间不能吃油腻食物及高热量、高脂肪食品。"

客户:"在减肥期间,我会有腹泻的现象吗?"

美容顾问:"不会,因为我们主要调动人体脂肪,减少体内多余脂肪,不是减水分,不会让您腹泻的,我们这方法是目前最先进、最实效、最健康的减肥方法。"

客户:"在减肥期间可以吃饭吗?"

美容顾问:"基本上可以的,但尽量少吃,因为饭也是碳水化合物,容易长胖,我们根据您健康身体的需要,帮您设计了一套健康均衡饮食方法,主要吃含纤维素和人体所需的微量元素、维生素,让您的饮食更健康、均衡。"

客户:"你们的减肥能保证不反弹吗?"

美容顾问:"我们减的是你体内多余的脂肪,脂肪不会在短期内迅速生成,我们已经在你减肥期间让身体达到良好的代谢平衡状态,只要在减肥后养成良好的生活习惯与均衡的饮食习惯就不会再发胖了。"

客户:"做完减肥后,我的脸部和腹部会不会出现大量皮肤松弛及皱纹?"

美容顾问:"不会的,因为人体出现皱纹的主要原因是水分的缺少,我们这种减肥不会减少人体的水分含量,我们的灭脂仪和溶脂机做20分钟相当于做了360个仰卧起坐,而且除此之外,它们还有一个特殊功能收紧肌肤的程序。在减肥同时修身、紧肌,所以你不用担心皮肤会松弛。"

(分析:这段关于功效的描述是重中之重,客户总算明白了效果,放心了。在向你的客户介绍效果时,用数字进行说服非常有力。)

客户:"你说得我非常心动,但我想有更多的保障,你们签约减肥吗?"

美容顾问："可以的，我们一个疗程少于 8 斤不收费的。"

客户："你不是说可以减十多斤吗，怎么给我承诺 8 斤呀？"

（分析：这里应该对客户讲解减肥的目的不是减重而是塑形，关注体重不如关注体形，要控制咨询的方向。请用专业的语言描述减肥的误区是关注重量而忽略体形，放在客户要求承诺之前，试想，还会有这样的要求吗？_____

_____

_____

_____

_____）

美容顾问："是的，这是我们对你的最低承诺，您减十多斤是没问题的。"

客户："多少钱一个疗程啊？"

美容顾问："我们会根据您的肥胖（不能用"肥胖"这个词而要换成"身体"。）状况为您量身定做一套瘦身计划，您稍等片刻，我马上为您设计疗程方案。"

美容顾问："王小姐，已为您设计好，大约需要 5680 元。"

（分析：请在这里详细介绍用什么操作、如何做、多长时间等项目过程介绍，以增加客户的体验感_____

_____

_____

_____）

客户："哇，那么贵，外面减肥 2000 多元可做到了。"

美容顾问："王小姐，我认同您的话，外面的确 2000 多元可以减肥，但减肥也要看实效、诚信度及安全系数，我们会所有12年历史，刚刚荣获深圳市五星级美容中心称号，全市只有15家，我们的客户都是靠口碑慕名而来的，因为我们提倡的是健康减肥。"

（分析："王小姐，至于价格它一定体现了价值，对您来说，那一定不是最重要的，健康、舒适而安全的美体瘦身才是您需要的，相信您的选择没有错，对吗？"获得客户回应。）

美容顾问："王小姐，您对我们的减肥项目还有什么疑虑吗？（这句话可省略。）如果你现在开卡，我们公司首次试做是赠送给您的，您是付现金还是刷卡呢？"

客户："那好吧，我现在就刷卡。"

美容顾问："王小姐，很高兴你成为我们的会员，能成为您的专职美容顾问更是我的荣幸，在这个减肥的疗程中，我会全程紧密跟踪您的减肥情况，同时在这期间如您对我们公司有任何的建议或不满，请及时与我联系，感谢您对我们公司及对我的支持和配合。"

（分析：试着用最简洁的语言写出这段结语。省略"减肥"、"不满"等词语，用"瘦身"、"满意替换" _____

_____

_____ ）

三、面部加身体护理

🔵 脸干、过敏＋丰胸。

美容顾问："您好！请问是第一次来吗？"

客户："是啊！"

美容顾问："请坐，请用茶，很高兴能为您服务，我是玛思威的美容顾问，可以叫我小李，您怎么称呼？"

客户："叫我连小姐就行。"

美容顾问："连小姐，今天是想做面部护理还是身体护理呢？"

客户："面部、身体护理都想了解。"

美容顾问："连小姐，您的皮肤、身材都挺好的，请问您对自己哪里不满意？"

客户："脸上干，老是过敏，还有胸部有点平，不匀称，像我这样的情况可不可以做好？"

美容顾问："连小姐您别着急，我先帮您解决面部问题。您的脸上皮肤现在看是有些干，而且还脱皮，'T'字部位还有点油，您属于缺水的混合性皮肤，这种类型皮肤需要及时补水，不然容易引起过敏及幼纹现象。"（加入问话："您是否有过过敏呢？"没有客户回应就直接销售又犯了过早推销的错误，写出正确的对话＿＿＿＿＿＿＿＿＿＿＿

＿＿＿＿＿＿＿＿＿＿＿＿＿＿＿＿＿＿＿＿＿＿＿＿＿＿＿＿＿＿

＿＿＿＿＿＿＿＿＿＿＿＿＿＿＿＿＿＿＿＿＿＿＿＿＿＿＿＿＿＿

＿＿＿＿＿＿＿＿＿＿＿＿＿＿＿＿＿＿＿＿＿＿＿＿＿＿＿＿＿＿）

"正好我们这有针对这种类型皮肤的产品，（我可以为您做一下介绍吗？如果不介绍就推销会带来下面的问题。）您可以开一个疗程感受一下，绝对能改善您的皮肤。"

客户："什么产品？会不会过敏？开个疗程不是问题，关键是要产品好！"

（分析：评估一下这个客户的性格以及她关心的重心，再根据自己美容院的产品，详细写出产品特性和为什么不会过敏的原因＿＿＿＿＿＿＿＿＿

（　　　　　　　　　　　　　　　　　　　　　　　　　　）

美容顾问："这种产品是法国原装进口的，绝对不会过敏，采用纯天然植物提炼而成，而且含抗过敏及保湿因子成分，您可放心。"

客户："那我的胸部要怎么做才可以丰满，夏天穿衣服好看些呢？"

美容顾问："只要您有时间来我们这儿做，再配合家居护理、饮食，一定可以做到。"

（分析：缺乏功效说明的任何推介，都会带来客户后面的反应。请详细写下丰胸的方法、原理、步骤：＿＿＿＿＿＿＿＿＿＿＿＿＿＿＿

＿＿＿＿＿＿＿＿＿＿＿＿＿＿＿＿＿＿＿＿＿＿＿＿＿＿＿＿＿＿＿

＿＿＿＿＿＿＿＿＿＿＿＿＿＿＿＿＿＿＿＿＿＿＿＿＿＿＿＿＿）

客户："这样就行，不可能吧？除了隆胸，我都不太相信其他真能有效，那你们是用什么做？"

美容顾问："是用法国进口的美体丰胸仪配合手法及产品，把身体内的女性荷尔蒙和多余的脂肪及养分引流到胸部，再使胸部自然增大、发育。"

（分析：这段说明有逻辑错误，请指出来并说明女性荷尔蒙和胸部性征的关系，物理刺激和胸部发育的关联：＿＿＿＿＿＿＿＿＿＿＿

＿＿＿＿＿＿＿＿＿＿＿＿＿＿＿＿＿＿＿＿＿＿＿＿＿＿＿＿＿＿＿

＿＿＿＿＿＿＿＿＿＿＿＿＿＿＿＿＿＿＿＿＿＿＿＿＿＿＿＿＿＿＿

＿＿＿＿＿＿＿＿＿＿＿＿＿＿＿＿＿＿＿＿＿＿＿＿＿＿＿＿＿）

客户："要做多久才能有效，多少钱一次？"

美容顾问："一般是一个疗程见效，需要 2000 元（10 次），像连小姐这么好的身材，皮肤又好，再保养就更完美了。"

客户："那面部护理怎样呢？"

美容顾问："请让我来为您介绍一下，在法国产品的基础上，面部护理可使用仪器来配合，会更好地解决干和过敏的问题。我们的'生物因子还原仪'是从意大利进口的高科技仪器，同时结合了专业的配套产品，透过人体内生物磁场所产生的共振效应促发生长因子，达到了独特的五大功能：①分解排毒。②供给氧分。③促进代谢。④深层滋润。⑤再生能力。这部仪器适合任何皮肤护理。产品的导电体是由两个渗透活性成分的植物海绵来操作，使用时绝不会有疼痛感，更可舒缓神经紧张，选用此项护理，效果立即可见，要比人工手法快 10 倍。这样的仪器护理又省时间（半月或 1 月做 1 次便可），效果又明显，您不想试试吗？"

客户："是吗？一张小嘴巴真会说，那我脸部、身体一起做打几折？"

美容顾问："只要加入会员，就可以打折，您可以开 5000 元的会员卡，而且另送 2000 元，这样就可成为我们的会员，连小姐今天有时间吗？"

客户："时间是有，但钱没带够。"

美容顾问："没关系，今天就先付一半，下次再补。"

客户："那帮我找个好的美容师。"